LE PRIX DE LA LIBERTÉ

Dr. Cheikh KANTÉ

LE PRIX DE LA LIBERTÉ

Sénégal
L'Harmattan

10 VDN, Sicap Amitié 3, Lotissement Cité Police, DAKAR

http://www.harmattansenegal.com
direction@senharmattan.com

ISBN : 978-2-336-56536-1
EAN : 9782336565361

Sommaire

Chapitre 2

Dédicace

Je dédie ce livre à Kwame Nkrumah, un personnage emblématique et exceptionnel.

Je suis allé me recueillir sur sa tombe, le mardi 29 avril 2025 à Accra. La flamme qu'il a allumée ne s'est jamais éteinte. Elle scintille toujours dans les cœurs des Africains, lumière sacrée qui éclaire les nuits sombres d'Afrique et guide les pas de ses filles et de ses fils vers l'unité, la liberté et la prospérité.

Le chemin est certes long et la marche lente, mais le parcours est bien entamé. Les générations actuelles et futures continueront de se battre pour une Afrique libre, indépendante, prospère et ouverte au reste du monde.

Examinant la statue de cet homme d'envergure, et relisant certains discours emblématiques, il me semblait entendre son message. Du bout de son doigt, il montrait la Voie : continuer de se battre avec persévérance et poursuivre, sans relâche, la route de l'espérance. Sur les murs du musée qui lui est dédié, des citations fortes, extraites de ses différents discours, résonnent à travers les ans dans la conscience des Africains, meurtris mais revigorés par l'espérance exaltante d'un Continent à bâtir.

La vision de Kwame Nkrumah...

Par-dessus la barricade, je vois la mère de l'unité et de l'indépendance africaine son corps est maculé du sang de ses fils et filles, tombés dans la lutte pour la libérer des chaînes de l'impérialisme. Je vois émerger les villes d'afrique, devenir des métropoles de science, de savoir, d'agriculture scientifique et de philosophie, et j'entends les mortels répéter en écho la réponse célèbre :

« ***Cherchez d'abord le royaume politique, et tout le reste vous sera donné par surcroît.*** »

(Kwame Nkrumah)

« ***Nous ne tournons ni vers l'Est ni vers l'Ouest ; nous regardons vers l'avant.*** »

1. Discours inaugural de Kwame Nkrumah, Premier ministre du Ghana, 6 mars 1957

« ***Nous préférons un gouvernement autonome avec ses dangers, plutôt que la servitude dans la tranquillité.*** »

2. Discours de Kwame Nkrumah à la Conférence panafricaine des peuples, 5 décembre 1958

« ***Notre indépendance n'a aucun sens si elle n'est pas liée à la libération totale de l'Afrique.*** »

3. Discours de Nkrumah sur la lutte de l'Afrique contre le colonialisme, 22 septembre 1960

« ***Nous devons briser les chaînes du colonialisme et établir un nouvel ordre fondé sur la justice, l'égalité et la liberté.*** »

4. Discours de Nkrumah sur la décolonisation et l'unité africaine, 18 avril 1961

« ***Nous ne nous reposerons pas tant que l'Afrique ne sera pas complètement libre et unie.*** »

5. Kwame Nkrumah, discours sur la lutte panafricaine, 27 avril 1961

« ***Nous faisons face à de nouveaux problèmes, mais nous avons la force et le courage de les résoudre.*** »

6. Kwame Nkrumah, discours sur les progrès et défis du Ghana, 6 mars 1962

« ***Nous mesurerons nos progrès par l'amélioration de la santé de notre peuple ; par le nombre d'enfants à l'école, et par la qualité de leur éducation et de l'électricité dans nos villes et villages.*** »

7. Kwame Nkrumah, discours sur les objectifs de développement du Ghana, 10 juillet 1962

« ***Nous faisons face à la réalité brutale que, sauf si nous nous unissons et avançons dans un but commun, nous deviendrons les victimes de ceux qui chercheraient à nous maintenir dans un état de dépendance et de sous-développement.*** »

8. Kwame Nkrumah, discours sur l'unité africaine, 24 mai 1963

« ***Nous devons développer notre propre idéologie et nos propres institutions politiques et économiques adaptées à nos besoins et aspirations.*** »

9. Kwame Nkrumah, discours sur l'identité africaine et l'autodétermination, 1er juillet 1965

On retrouve dans ces mots puissants la vision panafricaniste, que Nkrumah a largement théorisée, de concert avec George Padmore, l'éminent écrivain et journaliste de Trinité-et-Tobago.

Né dans les Caraïbes et en Amérique du Nord à la fin du 19e siècle, de l'initiative de personnalités devenues célèbres tels Henry Sylvestre William et Edward Wilmot Blyden, le mouvement panafricaniste a pris de l'ampleur, se propageant dans toutes les régions du monde.

Des figures emblématiques ont repris le flambeau : Booker T. Washington, William E. B. du Bois, relayés en Afrique par Jomo Kenyatta du Kenya, Hasting Banda du Malawi et Nnamdi Azikéwé du Nigéria, Sékou Touré de la Guinée Conakry, Patrice Lumumba du Congo, Cheikh Anta Diop du Sénégal, Thomas Sankara du Burkina Faso.

Remerciements

Mes remerciements sincères vont à mes Amis du Club de Saint-Louis, Jean-Hervé Lorenzi, Christian de Boissieu, Mario Pezzini et Monique Miégemolle. Ensemble, nous avons à bâtons rompus échangé sur toutes les thématiques que j'aborde dans ce livre.

J'associe à ces remerciements mes amis de l'OCDE, l'Ambassadeur Manuel Escudero, Président du Centre de développement de l'OCDE, Federico Bonaglia, Directeur Adjoint du Centre de Développement, l'Ambassadeur Yoshifumi Okamuro, Délégué permanent du Japon à l'OCDE, qui m'ont toujours associé aux débats et réflexions de haut niveau, sans filtre et sans frontière, organisés par leur institution.

Je voudrais témoigner ma reconnaissance à Dr Awa Ndiaye, toujours prompte à relire et à critiquer mes écrits, ainsi qu'à Sophie Bakhoum, qui a participé aux analyses économiques et statistiques.

Le Professeur Mamadou Moustapha Kanté, dont les orientations scientifiques ont éclairé cette réflexion, trouvera ici l'expression de ma gratitude affectueuse.

Je tiens, enfin, à remercier infiniment Mouhamed Ba, Marième Kanté et Samba Kanté pour leur efficacité, et le soutien précieux qu'ils ont apporté à la réalisation de cet ouvrage.

Introduction

Le vocable de la lutte des classes traduit une volonté irréversible d'amélioration d'une situation de déséquilibre économique et social entre groupes sociaux au sein d'une société. Cette logique théorique à valeur doctrinale explique les enjeux, les tensions et les multiples affrontements qui ont marqué certaines dynamiques socio-culturelles dans une configuration polysegmentaire.

Karl Marx a emprunté cette expression à des historiens français libéraux de la Restauration au 19e siècle, notamment François Guizot qui en fut l'initiateur, Augustin Thierry, Adolphe Thiers et François-August Mignet.

Bien que formulée dans leurs travaux, cette doctrine a été définie dans les textes de Niccolo Machiavel, philosophe italien du 16e siècle, et plus tard dans les ouvrages respectifs de Jean-Jacques Rousseau, François Quesnay, Edmund Burke et Adam Smith, père du capitalisme.

Dans le *Manifeste du Parti communiste*, Karl Marx et Friedrich Engels expliquent le fondement du conflit central qui résulte de la lutte des classes opposant le travail au capital, dans un cadre de libéralisme mondial. Pour ces auteurs qui ont assumé en partie la diffusion universelle de cette notion, la lutte des classes est un moteur de la transformation des sociétés. Il faut rappeler que, dans le processus, la classe capitaliste s'identifie à la bourgeoisie c'est-à-dire à la classe dominante qui possède le capital et les moyens de production, et qui domine ceux qu'on appelle le prolétariat, lequel vend sa force de travail pour vivre.

Cette doctrine a prospéré pour de nombreuses organisations révolutionnaires, réformistes, syndicalistes et partis politiques entre autres au 19e, 20e et 21e siècle. Elle a influé sur le destin de plusieurs pays.

L'esprit de Voltaire sur l'égalité est un paradigme qui encore aujourd'hui reflète la configuration du monde au 21e siècle : « Il est impossible, dans notre malheureux globe, que les hommes vivant en société ne soient pas divisés en deux classes, l'une de riches qui commandent, l'autre de pauvres qui servent ; et ces deux se subdivisent en mille et ses mille ont encore des nuances différentes. »

De nos jours, le vent de changement et de bouleversement que nous constatons dans le monde, et en Afrique en particulier, a donné des habits neufs à ce concept qui continue à fournir un cadre théorique pour les multiples combats pour le progrès social et l'amélioration des conditions de vie des populations.

En effet, l'affrontement entre bourgeoisie et prolétariat a pris une nouvelle configuration.

Le paradoxe du 21e siècle est que les riches deviennent plus riches et les pauvres plus pauvres. Cette réalité traduit une fragmentation planétaire très inégalitaire, puisque moins de 8 % de la population mondiale détient plus de 82 % des richesses mondiales.

Plus d'1,3 milliard de personnes vivent dans l'extrême pauvreté, sans emploi, sans protection sociale, ou accès à l'éducation et aux services de santé.

La pauvreté recule dans les pays développés et augmente en Afrique subsaharienne. Les efforts de croissance remarquables que réalisent les États africains sont systématiquement absorbés par les inégalités et la conséquence est que nos pays ne peuvent jouir dans ces conditions de leurs dividendes démographiques, et cela, malgré la vigueur d'une jeunesse qui représente 70 % de la population mais qui mise en grande partie sur l'immigration clandestine.

Nos dirigeants arrivent difficilement à réaliser leurs modèles de croissance souvent pertinents et les promesses de bonheur et d'espérance faites aux populations.

Ce n'est pas parce qu'ils ne le veulent pas, mais parce qu'ils ne le peuvent pas et, plus spécifiquement, parce qu'ils ne sont pas libres et se trompent souvent dans les combinaisons de dotation factorielles.

Un ensemble d'agrégats endogènes et exogènes non maîtrisés par nos économies fait que la pauvreté est devenue une pathologique chronique et intergénérationnelle, qui a déjà fait tomber plusieurs gouvernements et régimes politiques africains.

À la vue de la trajectoire des pays africains, on ne peut s'empêcher de ressentir un sentiment partagé entre afro-optimisme et afro-pessimisme.

Une introspection serieuse et objective doit nous pousser à diagnostiquer le mal et à proposer des solutions innovantes. Il est urgent de méditer sur la fameuse phrase de René Dumond : l'Afrique est mal partie.

Il est clair, qu'aucun gouvernement ne pourra échapper aux bourrasques dévastatrices qui naissent des inégalités sociales, sources de pauvreté organique qui poussent la jeunesse africaine avide de liberté, d'émancipation et de bien-être, à fuir et abandonner leur continent, en même temps qu'elle s'érige comme défenseur du prolétariat et du lumpenprolétariat.

Les causes de l'échec de la gouvernance des économies africaines, les axes et les perspectives à prendre en compte pour favoriser le développement durable d'une Afrique libre et prospère restent les éléments structurants de cette réflexion.

Chapitre 1

Plusieurs thématiques de ce premier chapitre mettent en lumière l'évolution des économies africaines.

Un continent riche qui sombre dans la pauvreté

Un continent riche qui sombre dans la pauvreté. En dépit des discours pompeux, triomphalistes, des dirigeants politiques, et de certains cabinets internationaux, qui gravitent autour d'eux, l'Afrique continue à battre les records mondiaux de retard de leurs forces productives matérielles et humaines. Des conséquences lourdes et désastreuses conduisent à l'approfondissement d'une société duale, composée de riches trop riches, et des pauvres trop pauvres.

Prof. Moustapha Kassé

1. Pathologie chronique d'une pauvreté intergénérationnelle

Plus de la moitié de l'humanité est considérée comme pauvre tandis que le reste du monde continue de s'enrichir. C'est un constat du 21e siècle.

Le taux d'extrême pauvreté en Afrique subsaharienne dépasse les 40 % de la population et les 2/3 des enfants les plus pauvres dans le monde y vivent. Il y a plus de pauvres aujourd'hui dans cette région du monde qu'en 1990. Si l'on considère les critères de pauvreté multidimensionnelle, des millions de personnes sont concernées dans cette partie du monde. Après la crise de la Covid-19 et la guerre entre la Russie et l'Ukraine, plus d'un milliard d'enfants souffrent d'une privation grave en matière d'éducation, de santé, de logement, de nutrition, d'eau et d'assainissement

Au niveau mondial, l'Afrique subsaharienne se distingue par son taux élevé d'extrême pauvreté, conséquence de ses niveaux d'inégalités croissants et du maintien d'une croissance incapable de contrebalancer la pauvreté multidimensionnelle.

Sur les 1,3 milliard de personnes vivant dans l'extrême pauvreté dans le monde, plus de 60 % vivent en Afrique subsaharienne.

Plus d'un tiers des personnes vivant dans l'extrême pauvreté vivent en République Démocratique du Congo (RDC) et au Nigeria, pays très nantis en matières premières.

L'autre tiers vit dans six pays : la Tanzanie, l'Ouganda, le Kenya, l'Éthiopie, Madagascar et le Mozambique.

L'Afrique subsaharienne se classe comme la deuxième région la plus inégalitaire au monde avec un indice de Gini moyen de 41,5.

La relation entre croissance et inégalités a été prouvée par plusieurs chercheurs. Les inégalités élevées ont des conséquences négatives sur la croissance, annihilent les effets positifs des investissements massifs réalisés et concomitamment défavorisent le décollage vers le développement. Similairement, une croissance lente affecte la répartition de la croissance entre différentes catégories de revenus et réduit les perspectives de réduction des inégalités.

Le taux de contribution de la croissance à la réduction de la pauvreté est l'un des plus faibles au monde et les inégalités fortes sont à la base de cet état de fait.

L'efficacité et l'impact de la croissance sur la réduction de la pauvreté restent à prouver en Afrique subsaharienne, malgré les taux de croissance élevés dans certaines zones.

Selon une étude de la Banque Mondiale, l'élasticité médiane de la croissance par rapport à la réduction de la pauvreté est la plus faible, comparée aux autres régions du monde, et cela même en année de forte croissance.

Les causes structurelles des niveaux élevés d'inégalités ont un impact négatif sur la croissance, car le potentiel productif de la population ne peut être pleinement exploité.

En raison de la forte croissance démographique, la réduction de la pauvreté est plus lente en Afrique comparée au reste du monde. Alors que l'extrême pauvreté est réduite en moyenne de 9,2 % par an dans le reste du monde entre 2014 et 2019, elle s'élève à 1,2 % par an en Afrique subsaharienne.

L'Afrique, qui était déjà très en retard par rapport au reste du monde, a creusé le gap de pauvreté à partir des années 2010.

Par exemple en 2019, le taux d'extrême pauvreté de l'Afrique subsaharienne, estimé à 35 %, était considéré comme le taux le plus élevé de toutes les régions du monde. La pauvreté extrême a mis en exergue les multiples visages de la pauvreté en Afrique subsaharienne.

Il faut rappeler que l'approche multidimensionnelle de la pauvreté va au-delà des aspects monétaires. Elle prend en compte l'accès à l'eau, à l'électricité et à l'éducation entre autres. L'indice global de pauvreté multidimensionnelle (IPM) de la Banque Mondiale s'appuie sur ces critères qui donnent une meilleure visibilité de la pauvreté dans le monde. Cet outil d'analyse couvre 109 pays et permet de déceler que plus d'une personne sur cinq est en situation de pauvreté multidimensionnelle aiguë, soit environ 1,3 milliards de personnes, dont 644 millions sont des enfants. Dans des pays comme le Niger, le Soudan du Sud, l'Éthiopie et le Burundi, plus de 90 % de la population n'a pas accès à des sanitaires améliorés.

En définitive, le taux de pauvreté multidimensionnelle montre une corrélation positive avec le taux de pauvreté monétaire.

Après la pandémie de la Covid-19, l'extrême pauvreté s'est amplifiée et le changement climatique et ses effets négatifs rendent encore plus vulnérables les pays d'Afrique qui sont moins bien préparés aux chocs et aux intempéries, notamment aux inondations, à l'accentuation de la sécheresse qui affectent les revenus des populations urbaines et rurales, incapables de trouver des activités de substitution du fait de leur niveau de formation professionnelle et d'éducation souvent très faible.

À cela s'ajoutent les conflits et les guerres qui poussent certaines franges de la population à se déplacer en masse, abandonnant leurs terres nourricières. Ces migrations entraînent aussi la fermeture des écoles et des infrastructures sanitaires.

Une étude récente basée sur la période 1981-2021, effectuée sur un échantillon de 575 périodes de croissance successives et comparables pour tous les pays du monde, a démontré que la croissance de l'économie en Afrique subsaharienne a moins contribué à la réduction de la pauvreté, comparée à celle des autres régions du monde.

La faiblesse de l'élasticité de la pauvreté par rapport à la croissance subsiste même après avoir contrôlé les combinaisons de différences initiales en matière de pauvreté, d'équité et de niveaux de revenus. Une croissance de PIB par habitant de 1 % est associée à une réduction de pauvreté de 1 % en Afrique contre 2,5 % en moyenne pour le reste du monde.

La faible transformation structurelle couplée à une faible diversification affecte la qualité de la croissance susceptible d'améliorer la consommation des ménages, et entretient l'inégalité organique.

Ce processus s'explique généralement par les niveaux inférieurs de développement du capital humain.

Plusieurs constats ont été faits à partir d'observations empiriques :

- l'accès à l'électricité, à l'eau, à l'assainissement, aux services de santé de base amplifient l'effet positif de la croissance sur la pauvreté et les inégalités ;

- le niveau d'accès à l'éducation, à l'alphabétisation des jeunes est associé à une croissance plus forte du PIB par habitant et à la réduction de la pauvreté ;
- l'emploi précaire dans l'agriculture est associé à des liens très faibles entre croissance du PIB et bien-être des ménages ;
- la majorité des populations en Afrique subsaharienne vit de l'agriculture ;
- la croissance économique de l'Afrique subsaharienne est dominée par des services à faible productivité ;
- l'éradication de la pauvreté nécessite une croissance plus forte et stable ;
- il est nécessaire par conséquent d'uniformiser les cibles en s'attaquant aux inégalités structurelles ;
- il faut absolument combattre les inégalités structurelles qui sont dues à des inégalités de chances, dues à l'héritage sur lesquel l'individu n'a aucun contrôle comme : la localité de naissance, le sexe, l'appartenance éthnique, l'éducation entre autres ;
- il résulte de ces agrégats une grande accumulation de disparités.

Il est clair qu'à travers l'indice d'égalité des chances et l'indice de dissimilarité, on peut facilement conclure à une forme de transmission de la pauvreté de génération en génération qui s'explique par une logique discriminatoire inconsciente ou consciente qui instaure et perpétue une inégalité structurelle.

Cet état de fait explique grandement les niveaux très élevés d'inégalités dont les racines organiques affectent négativement le lien entre croissance inclusive et réduction de la pauvreté.

En dehors de ces facteurs explicatifs, interdépendants et interconnectés, d'autres axiomes sont à prendre en considération.

2. Indice de développement Humain (IDH) et Produit Intérieur Brut par habitant (PIB), indicateurs de performance

À titre d'illustration, nous allons analyser la trajectoire de certains indicateurs universels de performance macro-économiques au niveau mondial, tout en mettant en exergue l'évolution de la position des pays africains à travers deux instruments : l'Indice de Développement Humain (IDH) et le Produit Intérieur Brut par Tête d'Habitant (PIB/HBT).

Par définition, l'Indice de Développement Humain (IDH) est une variable composite. Il vise à évaluer le taux de développement des pays de la planète. Il était initialement composé de trois critères : le PIB par habitant, l'espérance de vie et le niveau d'éducation des enfants de 17 ans et plus. C'est un instrument qui a été créé à l'origine par les économistes indien Amartya Sen et pakistanais Mahbub ul Haq, puis utilisé par le PNUD à partir de 1990 pour évaluer ce qui était mesuré auparavant avec imprécision. Le Pib par habitant qui était antérieurement utilisé, ne donnait pas d'informations suffisantes sur le bien-être individuel et collectif, il se limitait à une évaluation de la production économique.

Pour le PNUD comme pour Sen et Mahbub, le développement est, en dernière analyse, davantage un processus d'élargissement du choix des personnes qu'une simple augmentation de revenus. Il faut aussi noter qu'il existe un indice dérivé de l'IDH, l'IDG (Indice de développement du Genre) qui prend en compte les disparités liées au sexe, soit les différences de situation de vie entre hommes et femmes dans un pays considéré.

En 2010, la formule de l'IDH a été modifiée. C'est pourquoi, dans le rapport du PNUD de 2010, l'indice de développement humain ajusté selon les inégalités (IDHI) a été introduit. Bien que l'IDH reste utile, il précise que l'IDHI est le niveau réel de développement humain tenant compte des inégalités et que l'IDH peut être vu comme un indice de développement humain potentiel, c'est-à-dire le niveau maximum d'IDHI qui pourrait être atteint en l'absence d'inégalités. L'IDH est un indice composite sans dimension compris entre 0 (exécrable) et 1 (excellent). Il est calculé par la moyenne de trois indices qualifiants :

- la santé/longévité (mesuré par l'espérance de vie à la naissance, qui permet de mesurer directement la satisfaction des besoins matériels essentiels tels que l'accès à une alimentation saine, à l'eau potable, à un logement décent, à une bonne hygiène et aux soins médicaux.
- le savoir ou niveau d'éducation qui est mesuré par la durée moyenne de scolarisation pour les adultes de plus de 25 ans et la durée attendue de scolarisation pour les enfants d'âge scolaire. Il traduit la satisfaction des besoins immatériels tels que la capacité à participer aux prises de décisions sur le lieu de travail ou dans la société ;
- le niveau de vie en termes de logarithme du revenu brut par habitant en parité pouvoir d'achat, afin d'inclure des éléments de la qualité de vie qui ne sont pas décrits par les deux premiers indices tels que la mobilité ou l'accès à la culture.

Évidemment, les composantes et méthodologie de cet indice sont susceptibles d'être revues chaque année.

Les données de l'IDH sont toujours publiées avec un certain retard du fait que la collecte des données peut prendre deux ans généralement. Ces données concernent les 175 pays membres de l'ONU, plus Hong Kong, Taiwan et les territoires Palestiniens. Le Timor oriental et le Tonga sont pris en compte dans ce processus de calcul depuis 2004.

Le Produit intérieur brut par habitant (PIB) est un indicateur de niveau d'activité économique. Il s'obtient en divisant le PIB par le nombre d'habitants du pays considéré. Il ne permet pas de rendre compte des inégalités, cependant il est très efficace pour mesurer le développement d'un pays. Il représente une moyenne mais ne permet pas de rendre compte efficacement des inégalités de revenus et de richesse au sein d'une population.

Ces deux indicateurs universels permettent d'apprécier l'évolution des performances économiques réalisées par les États et leurs impacts sur les populations en termes de bien-être et de bonheur intérieur. C'est pourquoi, nous les utiliserons pour une bonne appréciation de la situation économique et sociale en Afrique subsaharienne.

Les données recueillies pour cette analyse concernent 195 pays et couvrent la période de 1990 à 2023. Les données de l'IDH ainsi que leur catégorisation selon les groupes IDH (low, medium, high, very high) ont été extraites du centre de données du Programme des Nations Unies pour le Développement (PNUD 2023-2024). Les valeurs du PIB par habitant proviennent de la base officielle de la Banque Mondiale (WDI, 2023).

Il faut noter que la série chronologique de l'IDH commence en 1990 pour certains pays et en 2000 pour le reste. Les données antérieures à cette année 1990 ne sont donc pas disponibles.

Les données ont été nettoyées et importées en panel avec la création des variables nécessaires telles que le *mean_group* pour la classification des pays par niveau de PIB et pour l'analyse et

Graphique 1 : **Répartition des pays par groupe d'IDH par habitant**

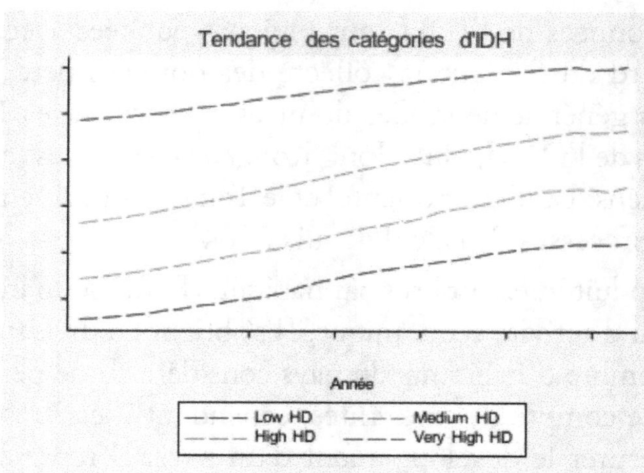

Source : Safi / Kanté

l'identification de la tendance des valeurs du PIB par habitant et de l'IDH sur la période de l'étude. Une représentation graphique des pays en fonction de leurs groupes de PIB et selon leur classification IDH, est également proposée.

Ce graphique montre comment l'IDH a évolué dans les 4 catégories considérées au fil du temps.

L'IDH s'améliore pour toutes les catégories de pays, même dans les groupes à faible développement humain (Low HD) ;

On note aussi :

- **Les écarts persistants** : malgré une amélioration, les écarts entre les groupes Low et Very High reste significatifs. Cela montre que le développement humain progresse dans le monde entier, mais les pays les plus avancés maintiennent une avance disproportionnée.
- **La tendance** : illustre une stratification économique mondiale, où les pays les plus riches et les plus pauvres sont bien distincts.

Graphique 2 : **Corrélation entre PIB par habitant et IDH – Évolution du PIB par habitant et de l'IDH**

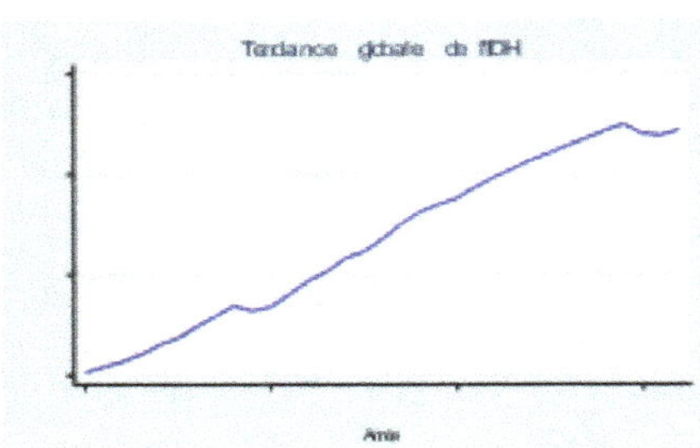

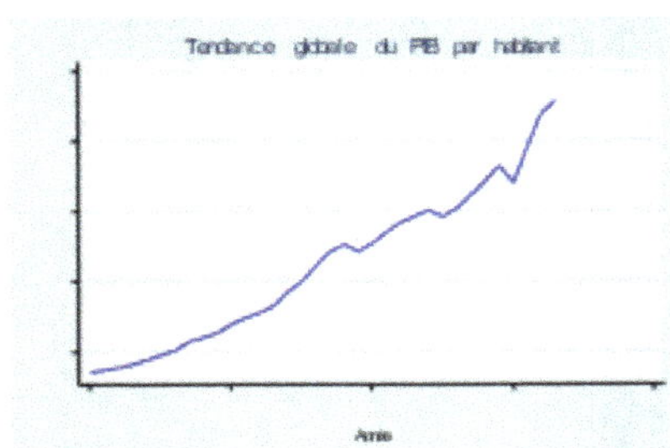

Source : Analyse Safi /Kanté

Ces graphiques comparent les tendances temporelles du PIB par habitant et de l'IDH.

Ils démontrent, dans la relation PIB-IDH, une augmentation du PIB par habitant qui a tendance à s'accompagner d'une augmentation du développement humain. Ce constat confirme que la croissance économique améliore la qualité de vie dans de nombreux cas.

Cette analyse a permis de mettre en évidence les liens entre les niveaux de développement économique et humain en examinant les données de 1990 à 2023 et confirme les tendances suivantes :

- **les disparités mondiales restent importantes,** avec des écarts persistants entre les régions riches et pauvres ;
- **des exceptions notables existent**, avec certains pays utilisant efficacement leurs ressources limitées pour améliorer leur IDH, tandis que d'autres échouent à transformer leurs richesses en bien-être pour leurs citoyens.

Le **graphique 3** catégorise les pays en fonction de l'IDH.

Graphique 3 : **Catégorisation des pays en fonction de l'IDH**

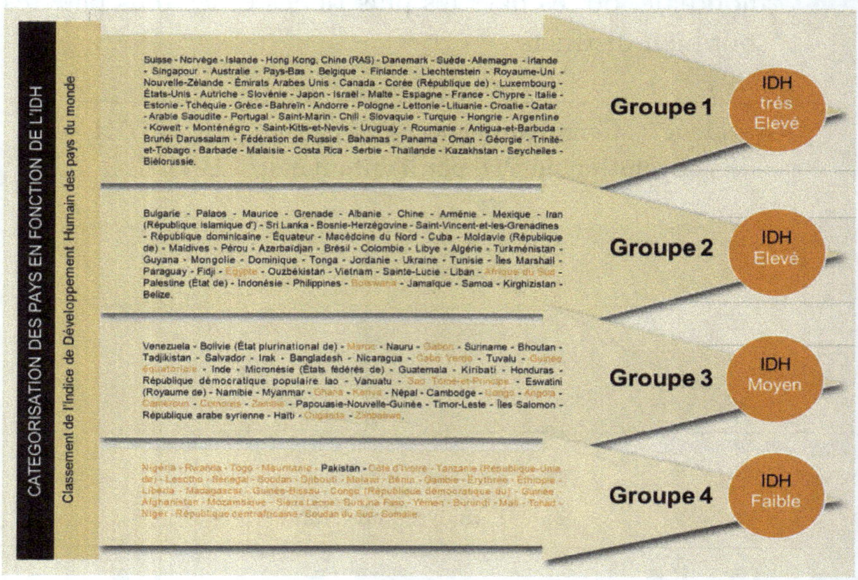

Source : Analyse Safi et Marem Kanté

Pour la catégorisation des pays en fonction de l'IDH, aucun pays africain ne figure dans le groupe 1 (IDH très élevé). Dans le groupe 2 (IDH élevé) seuls 7 pays y figurent : Égypte, Afrique du Sud, Botswana, Lybie, Algérie, Tanzanie et Tunisie. Dans le groupe 3 (IDH moyen), nous avons quelques pays comme : Maroc, Gabon, Cap Vert, Guinée équatoriale, Sao-Tomé et Principe, Ghana, Kenya, Namibie, Congo, Angola, Cameroun, Comores, Zambie, Ouganda et Zimbabwe. Dans le groupe 4 (IDH faible) on retrouve le reste des pays africains dont le Sénégal.

Le **graphique 4** catégorise les pays en fonction du PIB par habitant

---

Graphique 4 : **Répartition des pays par groupes PIB/HT (PPI) (1990-2023)**

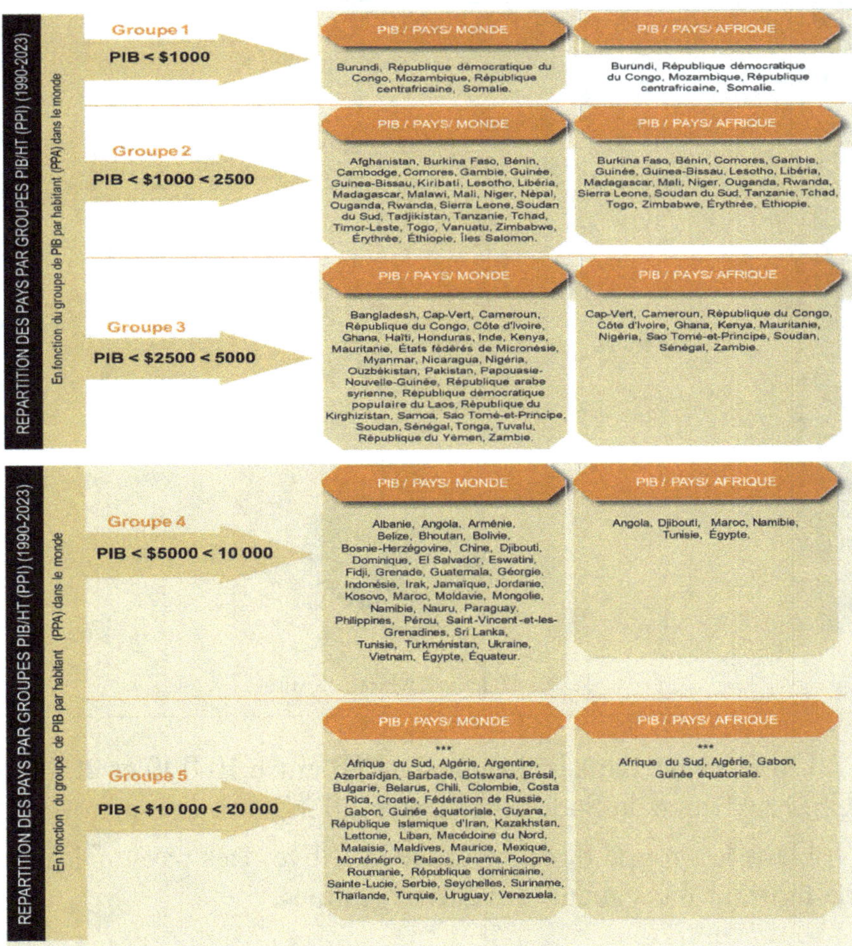

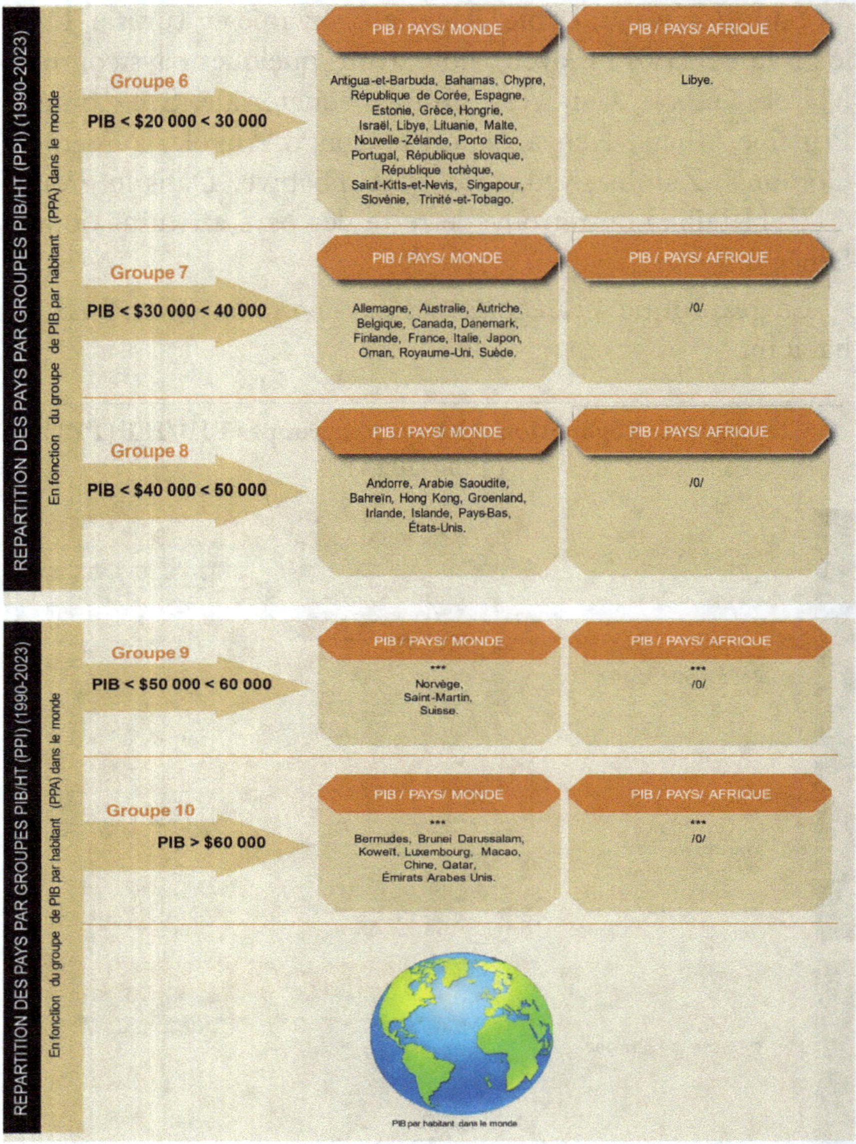

Source : Analyse Marem Kanté

On retrouve dans le groupe 5 : PIB entre 10 000 et 20 000 USD : Afrique du Sud, Botswana, Gabon, Guinée équatoriale.

Dans le groupe 6, on retrouve la Libye. Les pays africains ne figurent dans aucun des autres groupes.

Graphique 5 : **Répartition des pays par groupe de PIB par habitant (PPA)**

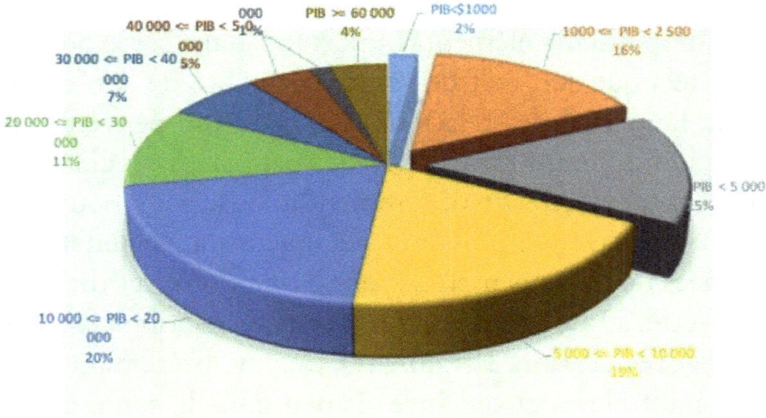

Ces indicateurs mettent en exergue les limites des économies africaines qui stagnent depuis les indépendances, tout en transmettant la pauvreté de génération en génération, malgré les volumes d'argent dithyrambiques alloués pour le développement des pays du tiers-monde.

3. PIB : entre limite et cécité

Ce constat pose le problème de la qualité de la croissance qui devrait prendre en compte la multi-dimensionnalité des besoins des populations, et soulève en même temps le débat sur les limites de l'efficacité du PIB comme instrument de mesure de la prospérité partagée dans les pays africains. L'ultime but des politiques publiques est d'assurer le bien-être de la population, sa qualité de vie, par l'amélioration de son niveau de vie. Par conséquent, toute mesure du progrès économique et social devrait refléter le degré de réalisation de cet objectif. Pour mesurer la qualité de vie, plusieurs indicateurs sont utilisés par différentes parties prenantes. L'un d'eux est le Produit Intérieur Brut (PIB) par habitant, abordé antérieurement, qui est supposé mesurer le niveau de vie de la population. L'idée étant que plus le PIB par habitant augmente, plus la qualité de vie des populations augmente, dans la mesure où elles disposent d'un pouvoir d'achat plus important. Cet agrégat, qui est utilisé pour mesurer la bonne santé des économies africaines, ignore cependant plusieurs éléments importants dans la vie de chaque citoyen tels que son état de santé, la qualité de son environnement, la qualité des relations familiales qui peuvent rendre une personne heureuse au-delà des aspects financiers, entre autres. On peut être financièrement à l'aise sans pour autant être heureux. Au niveau individuel, on constate en effet que les différences de revenus n'expliquent pas toujours les différences de bien-être. D'autres facteurs tels que les relations familiales, la santé et l'éducation. Par ailleurs, un pays présentant un PIB par habitant élevé, et qui investit peu dans la santé et l'éducation, peut avoir un indice de développement humain plus faible. C'est le cas de certains pays pétroliers d'Afrique. Au-delà des limites du PIB par habitant comme instrument de mesure du bien-être, les multiples définitions de la notion de pauvreté posent un problème. C'est pourquoi il nous faut repréciser le mode de calcul du taux de pauvreté qui est égal à la différence entre le seuil de pauvreté absolu et le seuil de pauvreté relative.

4. Mesure de la pauvreté : à quel instrument se fier ?

Le taux de pauvreté, exprimé en pourcentage de la population totale, correspond à la proportion d'individus dont le revenu disponible est inférieur au seuil national de pauvreté pour une année donnée. La définition de la pauvreté variant considérablement selon les instituts statistiques, la comparaison entre les États doit se faire avec beaucoup de précaution. En effet, le calcul des taux de pauvreté dépend de la définition du seuil de pauvreté retenue.

Le seuil de pauvreté absolue est défini selon le panier annuel de consommation minimale nécessaire à un individu pour satisfaire ses besoins, par exemple : KCA/Jour dans le périmètre d'un État déterminé. Cette méthode est notamment employée pour étudier les États en développement, bien que certains États développés l'utilisent également dans leurs publications statistiques officielles. Par exemple, pour l'ensemble des pays étudiés, la Banque Mondiale retient un seuil de pauvreté absolue de 1,90 USD par jour en 2015 contre 2,15 USD par jour en 2024. Ce seuil est réévalué chaque année, tenant compte de la parité pouvoir d'achat, et permet de faire des comparaisons entre États, indépendamment de leurs monnaies respectives.

Le seuil de pauvreté relative est défini selon un pourcentage du revenu médian national, avant impôt, par unité de consommation. Cette méthode est employée par l'Union européenne, notamment Eurostat.

Par convention, le seuil de 60 % du revenu médian représente le taux de pauvreté par défaut et celui de 40 % représente la très grande pauvreté. Cette logique part du postulat que si le revenu de l'ensemble de la population augmente de 10 %, alors le revenu correspondant au seuil de pauvreté augmente de 10 %. Or les revenus d'une population n'évoluent jamais d'une manière uniforme. Par exemple pour Eurostat, le seuil de pauvreté relative apparait davantage comme un point de comparaison des bas revenus par rapport aux revenus des autres habitants d'un pays donné. Il ne peut en aucun cas être considéré comme un indicateur de richesse ou de pauvreté.

Il n'existe donc pas de méthode statistique unique du taux de pauvreté recouvrant l'intégralité des États du monde, puisque le seuil de pauvreté absolu traite exclusivement des pays en développement, et le seuil de pauvreté relative est généralement appliqué pour les seuls pays développés, USA et Canada mis à part

Plusieurs méthodes sont souvent utilisées pour mesurer la pauvreté. Nous pouvons citer la détermination de la courbe de l'éléphant qui indique la croissance du revenu moyen d'un percentile donné entre deux dates, étant entendu qu'un même percentile ne regroupe pas les mêmes personnes aux deux dates, compte tenu de la mobilité individuelle ascendante ou descendante, et des décès et des naissances. Le coefficient de Gini, qui mesure la distribution de la richesse dans un territoire déterminé, est inventé par l'économiste statisticien italien Corrado Gini. Son compatriote Vilfredo Pareto, qui a conceptualisé la loi Pareto, avait matérialisé la vision des inégalités et leurs caractères permanents.

D'autres formes de pauvreté existent selon un constat des économistes spécialistes des inégalités et des sociologues. Il s'agit de la pauvreté intégrée, de la pauvreté marginale et de la pauvreté de disqualification ou de déclassement. Celle dite intégrée correspond à une situation où les pauvres sont nombreux sur un même territoire. Cette situation qui est courante se distingue peu des autres et renvoie au problème plus général d'une zone qui a toujours été pauvre. Les personnes concernées ne sont pas stigmatisées et forment un groupe social étendu. Ces pauvres sont intégrés dans leur environnement.

Il y a des cas ou les pauvres sont considérés comme en décalage au monde actuel. C'est une sorte de pauvreté marginalisée. Cette catégorie de groupe social est relativement peu nombreuse mais reste visible, elle est aussi qualifiée de mauvais pauvres. La pauvreté issue d'un processus de disqualification est une autre forme de pauvreté qui s'inscrit dans un processus qui touche des personnes qui jusque-là étaient parfaitement intégrées sur le plan professionnel. Ces personnes sont dans une situation de précarité liée au revenu, au logement, à la santé et à l'équilibre social. Les personnes sans travail, qui végètent et vivent avec le minima sont considérées comme stabilisées dans la pauvreté.

La littérature en matière de pauvreté est très riche et variée. La définition qui nous semble la plus adaptée comme mesure, pour les pays africains, est celle nouvellement conceptualisée par la Banque Mondiale « La pauvreté multidimensionnelle » dans la mesure où elle prend en compte les aspects essentiels du bien-être individuel et collectif des citoyens. Les organisations communautaires en relation avec l'Union Africaine et les partenaires techniques et financiers devraient concevoir d'une manière consensuelle de nouveaux instruments de mesure économique, social, culturel et environnemental en cohérence avec les 17 Objectifs du Développement Durables (ODD), et avec ambitions africaines pour le progrès. Plusieurs initiatives de ce genre existent déjà dans le monde.

L'ONU a initié l'indice de bonheur mondial en 2001, l'OCDE a lancé en 2011 son *better life index* sur le thème de « vivre mieux », destiné à mesurer le bien-être et le progrès et permettant de procéder à des comparaisons au sein des pays membres sur la base de 11 dimensions. Plusieurs pays comme la France, le Canada, le Japon, les USA, l'Allemagne et l'Italie ont développé des indices de qualité de vie à l'instar du Gouvernement du Bhoutan qui, refusant la dictature du PIB, a proposé un nouvel indicateur de richesse appelé le bonheur national brut (BNB).

Une nouvelle boussole d'orientation économique pourrait naître de cette initiative novatrice qui permettrait aux économies africaines de mettre en place des modèles de croissance beaucoup plus adaptés aux problématiques qui se posent à nos populations. La question à laquelle il faut répondre est à la fois simple et complexe. Les modèles de croissance que nous utilisons depuis les indépendances sont-ils viables ? L'analyse des indicateurs que nous avons utilisés dans ce livre donne à réfléchir.

La position de nos pays par rapport aux indicateurs de pauvreté est fort inconfortable et, au-delà, justifie la transmission générationnelle de la pauvreté. Cette problématique donne des habits neufs sur un vieux débat sur la qualité de la croissance.

5. Croissance et inégalités : un nouveau débat

Depuis l'antiquité, il existe un débat permanent sur les relations entre croissance, justice et inégalités. Aristote, reprenant les idées de son maître Platon, prônait déjà une justice distributive pour corriger les inégalités qui ne sont pas supportables. Depuis, de très nombreux économistes, dont bon nombre de prix Nobel comme Simon Kuznets, Friedrich von Hayek, Amartya Sen, Joseph Stiglitz et plus récemment Angus Deaton, se sont penchés sur cette question cruciale.

Si pendant des années on pouvait estimer que l'économie avait pour but principal de lutter contre la rareté, ce n'est plus sa seule mission aujourd'hui. Bien sûr, les économistes libéraux considèrent que le marché permet une allocation optimale des ressources. Chacun reçoit une rémunération en fonction de sa contribution à l'activité de production. Dans ce cas, les inégalités sont justifiées parce qu'elles sont économiquement efficaces. Les inégalités de revenu, par exemple, agissent alors comme un aiguillon pour pousser les individus à améliorer leur situation. Elles représentent des incitations à la performance individuelle et ainsi à l'efficacité collective.

Cependant, il ne faut pas oublier que les inégalités trop fortes, quelle que soit leur origine, peuvent être aussi un frein au progrès économique et social. La faiblesse des revenus de ceux qui sont marginalisés ou exclus, comme les jeunes ou les femmes, freinent la consommation générale.

Ne pas lutter contre les inégalités scolaires, par exemple, risque de compromettre le niveau général de la population active d'un pays et donc sa compétitivité. Par ailleurs, de trop fortes inégalités de salaires provoquent de la frustration, de la démotivation, des tensions sociales, elles sont donc contre-productives. Ces risques expliquent pourquoi de nombreux pays, surtout européens, cherchent à réduire les inégalités.

Il faut aussi noter que progressivement, au cours des dernières années, un nouveau concept, celui de l'équité, a été mis en avant. C'est en quelque sorte, l'idée de mettre en place ce que l'on pourrait appeler « l'égalité juste ». Dans une telle perspective, chacun doit avoir les mêmes chances dans la vie même si tout le monde n'arrive pas au même résultat. Cette équité n'est pas facile à atteindre. Il faut que chaque individu soit placé sur la même ligne de départ et partent avec les mêmes opportinuités. Il faut en outre que chacun dispose des mêmes atouts, en un mot la compétition ne doit pas être biaisée.

Si l'on peut comprendre et admettre le principe de l'équité, il est difficile de concevoir ce que l'on appelle les « inégalités justes ». Par exemple, on admet bien sûr qu'un président-directeur général peut et doit gagner plus qu'un ouvrier, mais combien de fois plus, 10, 100, 1 000 fois, sans que cela devienne injuste. N'oublions pas non plus que l'effort individuel est difficilement mesurable, la plupart des rétributions récompensent des efforts réalisés par une communauté : groupe, équipe de travail, etc. L'équité est en fait une « fiction nécessaire ». On en a besoin car l'effort, le mérite, le travail sont de bien meilleurs critères que le milieu, la naissance ou la caste.

Récemment, les travaux de l'OCDE ont établi la fin d'une vérité bien établie, celle d'un « trade off » entre inégalités et croissance. Traditionnellement, on estime que les sociétés peuvent faire un choix entre croissance élevée et inégalités importantes (comme les États-Unis) ou plus d'égalités mais au prix d'une croissance plus faible (comme en Suède ou en France). Dans une étude récente, l'OCDE tord le cou à cette idée tenace. Pour ces experts, les inégalités ne sont pas un facteur de croissance supplémentaire, elles peuvent dans nombre de cas entraîner une moindre croissance. Ces travaux récents montrent qu'en pratique l'évolution moyenne des inégalités des 20 dernières années, au sein des pays développés, leur ferait perdre 0,35 point de croissance par an sur 25 ans, soit une perte cumulée de 8,5 % du PIB.

Le rapport de l'OCDE évalue, par exemple, que le creusement des inégalités a coûté plus de 10 points de croissance au Mexique et à la Nouvelle-Zélande, près de 9 points au Royaume-Uni et de l'ordre de 6 à 7 points à l'Italie et aux États-Unis. À l'inverse, une situation plus égalitaire avant la crise a contribué à faire progresser le PIB par habitant en Espagne, en France et en Irlande.

Les experts ne croient plus à l'argument classique qui considère que la croissance s'appuie normalement sur des inégalités. Ils mettent au contraire en avant que les inégalités entraînent une perte de capital humain qui affaiblit la croissance. Il est donc clair que les politiques de redistribution qui diminuent les inégalités ne sont pas un frein à la croissance économique. Mais cela ne signifie pas pour autant que les mesures prises en ce sens ont toutes les mêmes effets positifs. Des politiques de redistribution mal ciblées et non centrées sur les outils les plus efficaces (c'est souvent le cas) peuvent se solder par un gaspillage de ressources et être une source d'inefficience.

Angus Deaton, le prix Nobel d'économie 2015, estime pour sa part que le progrès est un moteur d'inégalité, il creuse le fossé entre les gens qui dirigent le progrès (et donc qui en tirent avantage) et les autres. Quand cette inégalité est temporaire, ce n'est pas un problème, les difficultés surviennent si les améliorations issues des connaissances et des technologies ne profitent pas à terme à tous. Pour Angus Deaton, le père de ce que l'on appelle « le seuil de pauvreté » un concept largement utilisé aujourd'hui, quelque chose est en train de changer. Si pendant plusieurs décennies une certaine approche avait pris l'ascendant, qui considérait qu'il suffisait de lever les obstacles au libre jeu des forces de marché, pour obtenir une prospérité qui bénéficiera à tous, ce n'est plus le cas actuellement. Bien sûr, dans une certaine mesure, cette théorie s'est vérifiée puisqu'elle peut expliquer le décollage des pays comme la Chine, l'Inde ou le Brésil, mais en même temps, elle bute sur au moins deux obstacles : d'une part, une très forte montée des inégalités sociales, et d'autre part, la persistance d'une pauvreté sans doute moins extrême que par le passé, mais néanmoins très enracinée. Il ne suffit donc pas que les riches s'enrichissent pour qu'automatiquement les pauvres en bénéficient *via* un effet de « ruissellement ».

Une partie du succès de Trump peut sans doute s'expliquer par cette conception de l'économie qui prévaut aux États-Unis.

Il faut donc chercher de nouvelles pistes d'analyse, afin de remettre l'économie de marché au service du développement social. On peut dire que c'est en quelque sorte le retour de l'économie politique qui apporte un nouvel éclairage à l'analyse de la croissance, complétant le quantitatif par des éléments qualitatifs tout aussi importants.

Ce nouveau modèle de référence est essentiel : il doit être pris en compte pour améliorer la situation des pays émergents.

6. La croissance inclusive : une stratégie de développement

Le but de toute politique économique, c'est avant tout la lutte contre la rareté, c'est pour cela que la croissance quantitative de biens et de services est la plupart du temps privilégiée.

Mais depuis quelques années, bon nombre d'experts commencent à considérer qu'il existe certaines formes de croissance discutables : la croissance sans création d'emplois, celle qui accroît les inégalités, la croissance sans progrès vers la démocratie, celle qui s'accompagne d'une perte d'identité culturelle, et bien sûr la croissance qui gaspille ou dilapide les ressources nécessaires aux générations futures.

C'est pourquoi, un nouveau concept est né celui de la croissance inclusive qui repose sur l'idée selon laquelle la croissance traditionnelle, essentiellement quantitative, est certes importante mais non suffisante pour générer l'amélioration durable du bien-être.

La croissance telle qu'on la conçoit encore souvent n'est pas une fin en soi. Il faut faire plus et surtout autrement pour s'attaquer aux problématiques multi-dimensionnelles de nos sociétés. Au-delà des résultats classiques en termes de revenus ou de pouvoir d'achat et de production, de nombreux aspects n'ayant pas trait à ces éléments influencent la satisfaction des individus, en termes de santé, de niveau d'études voire de conditions de travail.

Il est clair, par exemple, qu'un bon état de santé joue un rôle positif sur le bien-être subjectif mais il constitue aussi une condition permettant l'accomplissement, dans les meilleures circonstances, de l'activité professionnelle.

Aussi importantes qu'aient été les récentes performances économiques de l'Afrique ces dernières années, ces résultats très positifs ne peuvent pas être célébrés totalement alors même que la plupart des peuples de ce continent n'en tirent pas véritablement profit. La croissance de nombreux pays africains ne s'exprime pas en termes de développement humain et la pauvreté ainsi que le chômage subsistent presque partout. On peut donc dire que les progrès réalisés en termes de performances macro-économiques sont compromis par un manque d'inclusion.

En réalité la croissance non inclusive, c'est en quelque sorte l'opulence sans ethique.

L'égalité est une question fondamentale dans tout programme de politique économique. On doit reconnaître que les performances quantitatives ne se sont pas automatiquement traduites en Afrique par la réduction des écarts de revenu et la diminution du gap en termes de bien-être entre une minorité de riches et la grande majorité de pauvres. Par ailleurs, il ne faut pas oublier qu'il est fondamental que la génération qui bâtit aujourd'hui la croissance de demain ait en permanence en tête des enjeux de durabilité et de solidarité.

Joseph Stiglitz, le prix Nobel d'économie 2001, est l'un des premiers experts à avoir insisté sur le rôle de l'inégalité comme cause du ralentissement économique, il est aujourd'hui rejoint par de nombreux autres auteurs. Pour cet économiste célèbre, la santé, l'éducation, les liens sociaux, l'équilibre entre vie professionnelle et vie privée, la sécurité des personnes, l'environnement sont autant d'aspects non monétaires et importants du bien-être.

L'ancienne Directrice générale du FMI, et aujourd'hui Gouverneure de la Banque Centrale Européenne, Christine

Lagarde, insistait encore récemment sur les dangers de l'inégalité croissante, un thème désormais en toute première ligne de l'agenda politique mondial. « Nous avons besoin, soulignait-elle, d'un système financier qui soit plus éthique et davantage tourné vers les besoins de l'économie réelle, un système financier qui serve la société et non l'inverse. »

Bien sûr nous voulons de la croissance mais nous voulons également nous assurer :

- que les gens aient des emplois, ce qui constitue la base pour se sentir intégré à la société et accéder à un sentiment de dignité,
- que les femmes et les hommes se voient offrir les mêmes chances de participer à l'activité économique,
- que les pauvres et la classe moyenne reçoivent leur part de la prospérité d'un pays,
- que la richesse ne soit pas accaparée par une poignée de privilégiés, ce qui implique de la vigilance en matière de corruption et de gouvernance,
- que la croissance soit partagée au sein d'une génération mais aussi avec les générations futures.

L'ensemble de ces initiatives ont pour fil rouge la promotion de l'inclusion, en un mot, elles représentent l'opportunité d'offrir à chacun la possibilité de se construire une vie meilleure. Le développement d'une croissance économique inclusive requiert des politiques qui répondent aux besoins de ceux qui sont laissés de côté.

Si l'Afrique et ses habitants veulent réaliser leur plein potentiel de développement et devenir un pôle de croissance mondial dans les décennies à venir, des politiques pour réduire les inégalités et promouvoir l'inclusion sont plus que jamais nécessaires. Avec la croissance inclusive, tous les segments de la société sont concernés et ainsi cette forme de croissance sera la clé de la stabilité et de la durabilité de notre développement. C'est bien là l'objectif pour lequel plusieurs pays africains se sont engagés depuis quelques années et cette politique qui commence à porter ses fruits doit être poursuivie et amplifiée afin d'éradiquer la pauvreté intergénérationnelle.

En définitive, on peut dire que le concept de croissance inclusive est à la fois large, ambitieux et capable de rallier une majorité de citoyens, d'élus et d'experts. Le développement ne peut être inclusif que si toutes les catégories de la population, quels que soient leur sexe, leur âge, leur origine ethnique ou leur statut social, contribuent à créer des opportunités, partagent les bénéfices du développement et participent à la prise de décision. C'est ainsi, comme le dit Ban Ki-moon l'ancien Secrétaire général des Nations Unies, que l'on pourra sauver la planète.

À dire vrai, notre continent est en retard dans plusieurs domaines et de nouveaux objectifs de rattrapage doivent être entrepris, dans le cadre de nouvelles orientations stratégiques.

La distance technologique, par rapport aux pays développés, est longue et dithyrambique. Au-delà de cet aspect fondamental, certains leviers de souveraineté doivent être reconsidérés pour plus de liberté dans l'action et une prospérité partagée avec plus de dignité et moins de servitude. Cela a un prix, puisque toutes les libertés ont un prix qu'il faut absolument payer à travers des séquences qui se succèdent et se complètent. La séquence la plus importante est celle de l'introspection et de la prise de conscience de la position du continent par rapport au reste du monde. Pourquoi des indépendances à nos jours notre continent s'enfonce-t-il dans la pauvreté, malgré nos innombrables richesses qui nourrissent et continuent de faire prospérer le reste du monde ?

Une certaine forme d'esclavage et de colonisation perdure, même si les nouvelles méthodes sont plus souples et plus civilisées.

La conférence de Berlin (15 novembre 1884 – 26 février 1885) avait permis aux Européens de se partager l'Afrique, la spécialisant au gré des intérêts économiques des puissances colonisatrices sur le plan économique, agricole, industriel, culturel et même diplomatique. En plus de ce processus de balkanisation, les pays africains ont toujours été divisés. Plusieurs leaders et chefs d'État qui ont voulu sortir de cette cage de fer ont été purement et simplement éliminés.

En 1960, certains pays africains comme la Côte d'Ivoire et le Sénégal avaient des revenus par tête d'habitant supérieurs à ceux de la Corée du Sud, avec en plus des avantages factoriels que ce pays n'avait pas en termes de ressources naturelles. En 2024, la Corée du Sud a rejoint le groupe des pays développés en se hissant au niveau de la catégorie des indicateurs IDH et PIB/HBT les plus élevés du monde, alors que le Sénégal et la Côte d'Ivoire peinent, depuis plus d'un demi-siècle, à dépasser significativement leurs indicateurs de 1960. Ce résultat n'est pas un hasard. Il est le résultat de la discipline, de l'organisation et de la méthode, de la rigueur et du travail, couplés à une bonne stratégie de politique publique et de formation des ressources humaines adéquate.

7. Faiblesse des investissements pour le développement : exemple du Sénégal

À ce titre, essayons de mesurer le pourcentage alloué à l'investissement dans les dépenses publiques du budget global du Sénégal de 1960 à 2024, pour chaque Sénégalais.

Le résultat explique clairement le niveau de pauvreté intergénérationnelle chronique qui persiste, malgré les efforts remarquables des différents gouvernants.

En 1960, année de notre indépendance, le budget global de notre pays dirigé par le Président Léopold Sédar Senghor était de 19 093 483 000 FCFA, pour une population de 3 340 907 habitants. Les dépenses de fonctionnement s'élevaient à 16 080 700 000 FCFA, soit 84,2211 % du budget, et les investissements à 3 012 730 000 FCFA, soit 15,7789 % du budget global. Pour le bien-être des Sénégalais en termes d'éducation, de santé, d'eau potable, d'électricité, d'hôpitaux, de routes, de pistes, de politiques sectorielles (industrie, agriculture, élevage, pêche), l'État consacrait 901,771 FCFA par habitant. Les graphiques ci-dessous montrent les tendances et l'évolution du montant de l'investissement dans les différents budgets corrélées à une population qui augmente de manière régulière.

La tendance est presque identique, puisqu'en 2024 la moyenne des dépenses de fonctionnement sur le budget global est de 67 % et celle de l'investissement de 33 %.

Graphique 6 : **Évolution des dépenses publiques de 1960 à 2024**

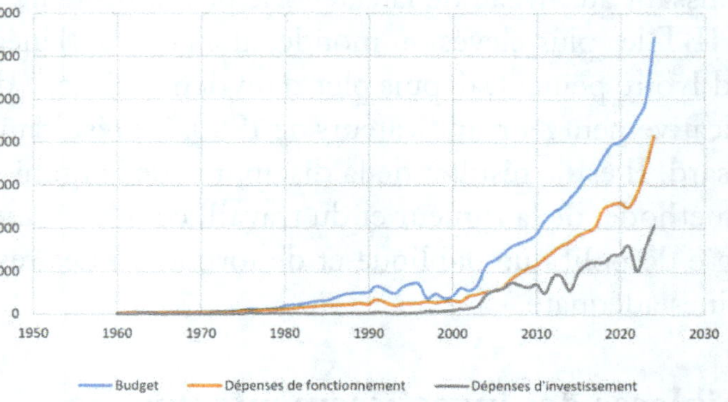

Source : Analyse Safi / Kanté

Ce graphique est une illustration de la faiblesse des investissements et de la prédominance des dépenses de fonctionnement.

Graphique 7 : **Répartition des dépenses dans le budget**

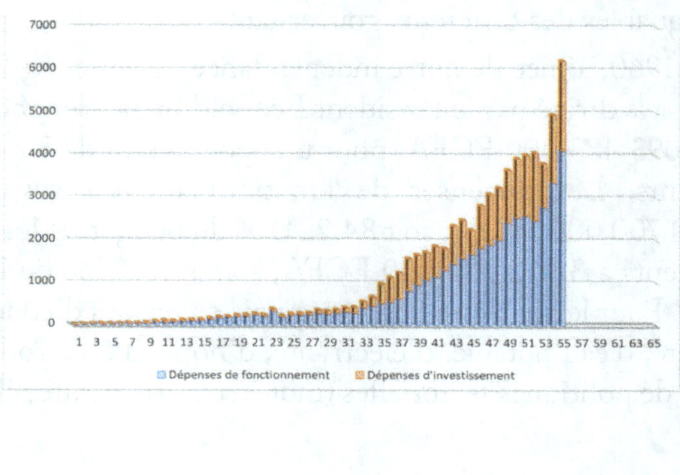

Graphique 8 : **Investissement par habitant dans le temps**

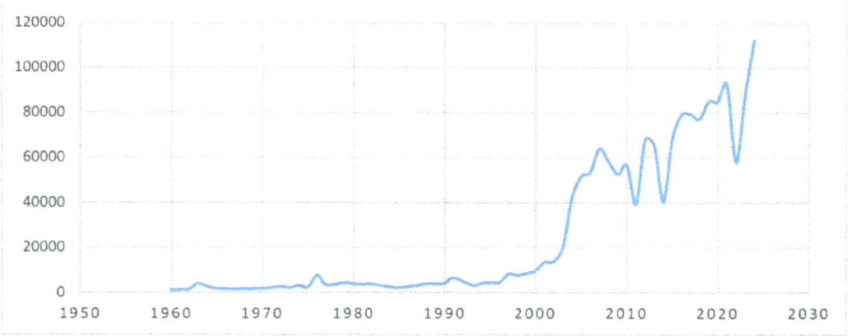

Source : Analyse Safi / Kanté

Ces graphiques montrent la faiblesse du niveau d'investissement par habitant au Sénégal entre 1960 et 2024.

Graphique 9 : **Comparaison des moyennes des dépenses budgétaires**

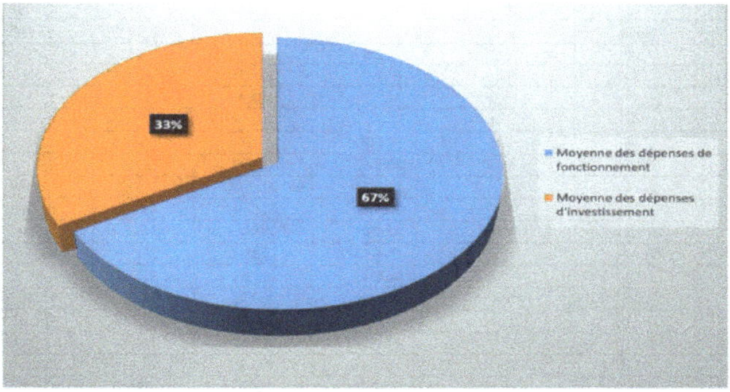

Ce graphique confirme la suprématie des dépenses de fonctionnement, qui représentent 67 % du budget global, sur les dépenses d'investissement estimées à hauteur de 33 %.

Tableau 10 : **Évolution des dépenses publiques du Sénégal de 1960 à 2024 (F CFA)**

Année	Dépenses globales (milliards)	Dépenses de Fonctionnement (milliards)	Dépenses d'investissement (milliards)	% Fonctionnement	% Investissement	Investissement par habitant (F CFA)	Croissance du PIB (%)	Croissance démographique (%)
1960	19,0935	16,0807	3,01273	84,2211	15,7789	901,771	-	-
1961	32,173	27,9682	4,20474	86,9308	13,0692	1223,6	2,99345	2,81748
1962	40,2427	34,7411	5,50161	86,3289	13,6711	1556,46	-0,136235	2,82073
1963	45,6917	31,509	14,1827	68,96	31,04	3900,77	1,86448	2,82256
1964				83,4726	16,5274		3,88393	2,83786
1965	40,702	33,975	6,727	-	-	1747,37	1,33219	2,87894
1966	-	-	-	83,1556	16,8443	-	2,87676	2,9311
1967	-	-	-	-	-	-	-1,21979	2,9716
1968	-	-	-	77,8761	22,1239	-	6,29077	2,98443
1969	-	-	-	82,4561	17,5439	-	-6,55414	2,98263
1970	46,9	39	7,9	78,0142	21,9858	1768,79	8,56205	2,9851
1971	-	-	-	87,5	12,5	-	-0,14045	2,98948
1972	56,5	44	12,5	66,3866	33,6134	2636,22	6,38321	2,99197
1973	57	47	10	83,1776	16,8224	2047,01	-5,58324	2,98252
1974	70,5	55	15,5	-	-	3081,86	4,20078	2,91017
1975	96	84	12	81,5385	18,4615	2320,72	7,53566	2,77213
1976	119	79	40	60,3516	11,4812	7534,99	8,9205	2,6292
1977	107	89	18	59,4207	10,0391	3309,1	-2,68291	2,43748
1978	-	-	35	65,7553	9,99098	6285,81	-3,95393	2,3357
1979	130	106	24	-	-	4208,39	7,00169	2,39208
1980	191,617	115,644	22	61,7453	5,30021	3763,49	3,98776	2,47218
1981	211,194	125,493	21,202	62,8769	4,41824	3535,34	5,18023	2,55903
1982	230,208	151,374	23	-	-	3735,61	8,01038	2,62973
1983	-	-	-	47,5023	4,82703		-5,64746	2,68483
1984	301,875	186,394	16	46,412	5,62805	2461,78	3,93584	2,72727
1985	316,869	199,237	14	49,6666	5,62241	2094,78	3,46308	2,79056
1986		206,202	0	43,7615	5,90586		3,12699	2,87459
1987	455,767	216,5	22	51,1386	7,70564	3106,67	6,25586	2,91342
1988	488,624	226,78	27,5	-	-	3772,49	-0,81657	2,89612
1989	506,9	251,76	28,5	41,9745	5,54187	3798,88	3,97378	2,87461
1990	516,436	226	30,5	38,3478	5,19276	3950,51	-0,74628	2,86849
1991	660,867	337,958	50,924	34,9231	5,42021	6411,11	2,65996	2,84196
1992	-	-	-	36,3202	5,5618		1,32023	2,79707
1993	487,2	204,5	27	79,5499	20,4501	3215,71	1,36021	2,75173
1994	635,5	243,7	33	56,3447	14,8164	3826,5	-0,04752	2,67684
1995	708,7	247,5	38,413	78,5961	21,4039	4341,38	5,46859	2,56448
1996	712	258,6	39,6	77,0409	22,9591	4367,48	2,01998	2,44401
1997	367,104	292,031	75,073	48,0346	21,9422	8086,72	3,0456	2,35951
1998	479,2	270,004	71	74,6797	25,3203	7471,36	5,89848	2,33644
1999	376,1	295,6	80,5	66,9545	30,4836	8272,63	6,28331	2,37026
2000	417,7	321,8	95,9	45,7333	40,424	9620,54	3,88721	2,4101
2001	618,9	297,286	135,8	44,1313	45,4574	13296,9	4,31085	2,42497
2002	562	419,7	142,3	44,5944	43,5644	13596,1	0,068697	2,44966
2003	694,8	465,2	211,8	52,364	47,636	19755,3	5,59395	2,40685
2004	1141,4	522	461,4	58,0893	41,9527	42038,3	4,64329	2,34633
2005	1266,9	559,1	575,9	62,2332	37,2477	51257,3	4,31024	2,33918
2006	1407,8	627,8	613,3	61,8456	38,1544	53330	2,33077	2,32793
2007	1575,7	825,1	750,6	60,2265	23,341	63770,4	2,82712	2,32279
2008	1663,3	966,2	697,8	61,2206	38,0212	57913,7	3,70317	2,33951
2009	1733,8	1079	645,8	64,0282	35,9718	52344,9	2,7521	2,36561
2010	1868,2	1155,4	712,8	62,3108	21,1251	56412,9	3,39089	2,3869
2011	2175,29	1310,1	507,735	62,8044	34,0327	39180,4	1,33409	2,52792
2012	2374,2	1453,5	902,7	59,871	37,0719	67818,7	4,003	2,67702
2013	2485	1591,1	893,9	60,8294	36,8422	65196,5	2,41239	2,96346
2014	2698,76	1681,62	570,115	66,5087	33,4913	40284,9	6,22407	3,16757
2015	2916,69	1831,81	992,629	64,7415	35,2585	68019,4	6,36704	3,07015
2016	3197,51	1914,38	1185,38	64,4845	35,5155	78843,6	6,35607	2,97843
2017	3325,53	2022,9	1225,2	58,9962	37,7772	79172,9	7,40749	2,8877
2018	3663,4	2436,48	1226,92	61,482	22,3753	77094,4	6,20924	2,80046
2019	3937,6	2549,26	1388,34	68,0101	31,9899	84898,6	4,61363	2,71761
2020	4017,15	2590,44	1426,71	64,4845	35,5155	84977,8	1,34207	2,63304
2021	4211,8	2484,8	1591,1	58,9962	37,7772	92393,7	6,544	2,53849
2022	4553,2	2799,4	1018,79	61,482	22,3753	57718,3	3,82586	2,46764
2023	4965	3376,7	1588,3	68,0101	31,9899	87623,6	4,58406	2,38738
2024	6437	4137,4	2079,2	64,2753	32,3008	112377		

Ce tableau, dont les données résultent de l'analyse de l'évolution budgétaire du Sénégal entre 1960 et 2024, est une illustration de la faiblesse des investissements consacrés aux populations.

Le Sénégal est un exemple parmi tant d'autres.

À titre de comparaison, selon les données disponibles de la Banque Mondiale, suivant le tableau 11 en dessous, investissements publics et privés confondus, en 1970, le Sénégal a dépensé 27,72 USD par habitant, contre 734,29 pour la France, 544,95 pour les États-Unis et 810,66 pour l'Allemagne. Dix ans après dans le même tableau, en 1980, le Sénégal a dépensé 92,56 USD par personne, contre 3 114, 22 USD par personne pour la France, 2 959,08 USD pour les États-Unis et 3 154,7 pour l'Allemagne.

En 2021, le Sénégal a dépensé 542,86 USD par personne, la France, 10 268,07 USD par personne, les États-Unis, 15 177,82 USD par personne et l'Allemagne, 11 077,41 USD par personne.

Les montants alloués par les États africains aux accès universels des indépendances à nos jours restent très faibles, particulièrement pour l'éducation, la santé, l'eau et l'énergie. Dans plusieurs pays d'Afrique subsaharienne, les abris provisoires persistent et plusieurs écoles ne disposent pas de blocs sanitaires, encore moins de l'eau. À l'instar de Fatick, dont je suis le Président du Conseil départemental, les élèves continuent à parcourir des kilomètres pour aller à l'école et parfois sans manger, les femmes continuent à parcourir des kilomètres pour aller chercher de l'eau et du bois pour la cuisine, des personnes malades font des kilomètres pour aller se soigner.

Tableau 11 : **Comparaison de l'investissement par habitant au Sénégal et dans les pays développés**

Année	Sénégal			France			Seychelles			États-Unis			Allemagne		
	Investissement (millions de dollars)	Pop. (millions)	Investissement par habitant	Investissement (millions de dollars)	Pop.	Investissement par habitant	Investissement (millions de dollars)	Pop.	Investissement par habitant	Investissement (millions de dollars)	Pop.	Investissement par habitant	Investissement (millions de dollars)	Pop.	Investissement par habitant
1960	-	3,34	-	14 016,61	47,41	**295,63**	-	41 700	-	-	180,67	-	-	72,81	-
1961	-	3,44	-	16 075,61	47,91	**335,57**	-	42 889	-	-	183,69	-	-	73,38	-
1962	-	3,53	-	17 868,37	48,39	**369,26**	-	44 042	-	-	186,54	-	-	74,03	-
1963	-	3,64	-	20 767,81	48,88	**424,89**	-	45 176	-	-	189,24	-	-	74,71	-
1964	-	3,74	-	23 854,95	49,40	**482,88**	-	46 322	-	-	191,89	-	-	75,32	-
1965	68,99	3,85	**17,92**	26 130,08	49,88	**523,88**	-	47 500	-	-	194,30	-	-	75,96	-
1966	106,29	3,96	**26,81**	28 669,65	50,31	**569,84**	-	48 699	-	-	196,56	-	-	76,60	-
1967	123,73	4,08	**30,30**	31 527,81	50,72	**621,57**	-	49 911	-	-	198,71	-	-	76,95	-
1968	96,22	4,21	**22,87**	34 045,69	51,11	**666,09**	-	51 134	-	-	200,71	-	-	77,29	-
1969	101,73	4,33	**23,47**	36 885,42	51,54	**715,72**	-	52 365	-	-	202,68	-	-	77,91	-
1970	123,82	4,47	**27,72**	38 188,45	52,01	**734,29**	-	53 600	-	111 744	205,05	**544,95**	63 368,35	78,17	**810,66**
1971	136,44	4,60	**29,65**	43 139,29	52,50	**821,71**	-	54 695	-	130 792	207,66	**629,83**	75 139,60	78,31	**959,48**
1972	167,53	4,74	**35,33**	53 265,12	52,96	**1 005,72**	-	56 029	-	279 724	209,90	**1 332,68**	88 124,36	78,69	**1 119,91**
1973	200,21	4,89	**40,98**	70 327,19	53,39	**1 317,18**	-	56 892	-	316 688	211,91	**1 494,45**	110 702,87	78,94	**1 402,43**
1974	255,83	5,03	**50,87**	77 886,29	53,75	**1 449,14**	-	57 937	-	336 702	213,85	**1 574,45**	111 410,96	78,97	**1 410,85**
1975	316,44	5,17	**61,20**	92 492,26	54,00	**1 712,73**	-	59 292	-	347 912	215,97	**1 610,91**	116 386,25	78,67	**1 479,36**
1976	296,50	5,31	**55,85**	93 915,33	54,23	**1 731,72**	18,13	60 504	**299,64**	395 754	218,04	**1 815,09**	122 361,44	78,34	**1 561,99**
1977	292,28	5,44	**53,73**	99 731,45	54,49	**1 830,39**	24,92	61 786	**403,38**	467 452	220,24	**2 122,48**	143 079,86	78,16	**1 830,61**
1978	343,64	5,57	**61,72**	120 608,43	54,73	**2 203,54**	36,45	62 150	**586,44**	558 153	222,59	**2 507,59**	180 476,33	78,09	**2 311,08**
1979	460,63	5,70	**80,77**	145 578,01	54,98	**2 647,84**	40,52	62 686	**646,40**	641 769	225,06	**2 851,61**	222 883,70	78,13	**2 852,86**
1980	541,05	5,85	**92,56**	172 136,14	55,27	**3 114,22**	56,30	63 261	**890,00**	672 378	227,23	**2 959,08**	246 979,96	78,29	**3 154,74**
1981	521,56	6,00	**86,97**	147 770,55	55,60	**2 657,58**	54,96	64 035	**858,23**	748 760	229,47	**3 263,05**	198 686,16	78,41	**2 534,01**
1982	675,84	6,16	**109,77**	136 549,06	55,81	**2 446,82**	48,41	64 413	**751,57**	752 891	231,66	**3 249,93**	181 862,56	78,33	**2 321,65**
1983	606,08	6,32	**95,83**	122 943,20	56,11	**2 191,18**	34,41	64 335	**534,84**	814 433	233,79	**3 483,58**	182 266,41	78,13	**2 332,91**
1984	574,04	6,50	**88,32**	112 761,62	56,38	**1 999,92**	34,49	64 717	**532,91**	947 866	235,83	**4 019,36**	168 161,19	77,86	**2 159,83**
1985	583,10	6,68	**87,25**	116 479,85	56,67	**2 055,56**	40,06	65 244	**613,98**	1 027 702	237,92	**4 319,45**	166 135,63	77,68	**2 138,58**
1986	597,43	6,88	**86,86**	162 738,14	56,96	**2 857,26**	49,70	65 652	**756,95**	1 080 662	240,13	**4 500,26**	236 000,34	77,72	**3 036,53**
1987	805,66	7,08	**113,77**	202 878,97	57,27	**3 542,74**	49,14	68 499	**717,43**	1 119 664	242,29	**4 621,19**	294 862,10	77,84	**3 788,06**
1988	890,63	7,29	**122,18**	228 818,41	57,60	**3 972,67**	70,78	68 755	**1 029,46**	1 176 882	244,50	**4 813,44**	321 820,58	78,14	**4 118,27**
1989	868,02	7,50	**115,70**	235 511,41	57,94	**4 064,53**	78,74	69 167	**1 138,45**	1 242 441	246,82	**5 033,81**	330 837,72	78,75	**4 201,05**
1990	1 078,88	7,72	**139,74**	294 049,03	58,26	**5 047,10**	89,25	69 507	**1 284,04**	1 269 272	249,62	**5 084,76**	433 376,81	79,43	**5 455,88**
1991	1 065,99	7,94	**134,20**	291 503,55	58,55	**4 978,35**	84,05	70 439	**1 193,22**	1 238 832	252,98	**4 896,94**	465 937,54	80,01	**5 823,21**
1992	1 191,84	8,17	**145,91**	304 726,52	58,85	**5 178,32**	97,13	70 763	**1 372,60**	1 292 796	256,51	**5 039,87**	535 526,61	80,62	**6 642,22**
1993	1 080,12	8,40	**128,64**	268 999,42	59,10	**4 551,36**	132,78	72 253	**1 837,73**	1 377 895	259,92	**5 301,25**	498 153,32	81,16	**6 138,19**
1994	862,93	8,62	**100,06**	279 035,92	59,32	**4 703,52**	136,08	74 205	**1 833,89**	1 486 873	263,13	**5 650,80**	532 215,26	81,44	**6 535,19**
1995	967,90	8,85	**109,39**	315 006,31	59,54	**5 290,55**	162,27	75 304	**2 154,80**	1 594 003	266,28	**5 986,24**	608 450,93	81,68	**7 449,38**
1996	1 075,17	9,07	**118,58**	311 164,89	59,75	**5 207,39**	212,98	76 417	**2 787,05**	1 721 214	269,39	**6 389,21**	574 831,04	81,91	**7 017,42**
1997	957,46	9,28	**103,14**	274 836,93	59,97	**4 583,05**	166,36	77 319	**2 151,65**	1 851 279	272,66	**6 789,77**	500 839,16	82,03	**6 105,21**
1998	1 219,47	9,50	**128,33**	289 569,94	60,19	**4 810,88**	219,26	78 846	**2 780,80**	2 016 953	275,85	**7 311,67**	510 261,20	82,05	**6 219,12**
1999	1 205,70	9,73	**123,90**	299 980,90	60,50	**4 958,20**	273,41	80 410	**3 400,22**	2 194 721	279,04	**7 865,26**	505 504,16	82,10	**6 157,16**
2000	1 156,05	9,97	**115,97**	284 187,82	60,92	**4 665,04**	163,02	81 131	**2 009,33**	2 372 714	282,16	**8 409,04**	450 103,18	82,21	**5 474,94**
2001	1 233,51	10,21	**120,78**	285 864,52	61,36	**4 658,48**	267,44	81 202	**3 293,53**	2 385 009	284,97	**8 369,36**	423 624,71	82,35	**5 144,20**

2002	1 431,56	10,47	**136,78**	303 505,05	61,81	**4 910,12**	204,74	83 723	**2 445,46**	2 354 119	287,63	**8 184,68**	418 088,26	82,49	**5 068,44**
2003	1 526,65	10,72	**142,40**	376 175,42	62,25	**6 042,99**	82,32	82 781	**994,37**	2 477 183	290,11	**8 538,83**	488 284,61	82,53	**5 916,15**
2004	1 763,21	10,98	**160,65**	439 623,32	62,71	**7 010,69**	155,53	82 475	**1 885,75**	2 703 389	292,81	**9 232,72**	537 133,19	82,52	**6 509,42**
2005	2 013,99	11,24	**179,25**	465 946,52	63,18	**7 374,81**	233,42	82 858	**2 817,06**	2 990 493	295,52	**10 119,54**	542 928,46	82,47	**6 583,39**
2006	2 481,60	11,50	**215,79**	507 560,38	63,62	**7 977,71**	327,92	84 600	**3 876,09**	3 182 858	298,38	**10 667,13**	592 884,98	82,38	**7 197,26**
2007	2 946,97	11,77	**250,37**	599 835,08	64,02	**9 369,95**	314,84	85 033	**3 702,53**	3 231 084	301,23	**10 726,26**	686 887,70	82,27	**8 349,56**
2008	3 806,09	12,05	**315,89**	671 204,11	64,38	**10 426,45**	270,79	86 956	**3 114,11**	3 136 450	304,09	**10 314,08**	760 232,03	82,11	**9 258,69**
2009	3 211,77	12,34	**260,33**	579 153,41	64,71	**8 950,48**	238,48	87 298	**2 731,84**	2 723 344	306,77	**8 877,43**	655 295,28	81,90	**8 000,94**
2010	2 985,12	12,64	**236,25**	568 467,57	65,03	**8 742,13**	363,51	89 770	**4 049,31**	2 756 059	309,33	**8 909,85**	665 202,20	81,78	**8 134,35**
2011	3 743,86	12,96	**288,90**	622 858,36	65,34	**9 532,45**	368,68	87 441	**4 216,28**	2 922 919	311,58	**9 380,85**	765 025,57	80,27	**9 530,06**
2012	3 656,23	13,31	**274,69**	581 030,00	65,66	**8 849,39**	411,03	88 303	**4 654,80**	3 171 573	313,88	**10 104,49**	718 085,09	80,43	**8 928,54**
2013	4 194,06	13,71	**305,89**	598 967,42	66,00	**9 075,55**	514,16	89 949	**5 716,11**	3 334 682	316,06	**10 550,79**	745 306,64	80,65	**9 241,75**
2014	4 648,33	14,15	**328,45**	599 668,91	66,31	**9 043,13**	403,16	91 359	**4 412,91**	3 595 519	318,39	**11 292,94**	784 353,51	80,98	**9 685,47**
2015	4 091,28	14,59	**280,35**	502 171,41	66,55	**7 545,97**	385,02	93 419	**4 121,46**	3 777 790	320,74	**11 778,39**	676 380,14	81,69	**8 280,18**
2016	4 555,99	15,03	**303,04**	516 840,40	66,72	**7 745,93**	394,24	94 677	**4 164,07**	3 888 894	323,07	**12 037,25**	708 908,35	82,35	**8 608,62**
2017	5 422,50	15,48	**350,40**	554 546,82	66,92	**8 286,96**	411,06	95 843	**4 288,84**	4 116 417	325,12	**12 661,14**	758 113,22	82,66	**9 171,80**
2018	6 547,07	15,91	**411,39**	608 480,67	67,16	**9 060,39**	392,32	96 762	**4 054,45**	4 399 011	326,84	**13 459,29**	844 240,76	82,91	**10 183,13**
2019	6 940,77	16,35	**424,44**	610 344,00	67,38	**9 057,96**	412,71	97 625	**4 227,52**	4 594 718	328,33	**13 994,21**	837 608,74	83,09	**10 080,38**
2020	7 470,32	16,79	**444,95**	594 094,80	67,60	**8 788,24**	294,78	98 462	**2 993,83**	4 609 868	331,53	**13 904,96**	841 200,02	83,16	**10 115,33**
2021	9 348,45	17,22	**542,86**	696 614,41	67,84	**10 268,07**	244,90	99 258	**2 467,34**	5 039 778	332,05	**15 177,82**	921 597,16	83,20	**11 077,41**

Tableau 12 : **Analyse comparative des dépenses de santé (en % des dépenses publiques)**

Sénégal vs Afrique - BRICS - Union Européenne

Année	Sénégal	AFRIQUE	BRICS	Union Européenne
2000	8,96	6,81	8,08	11,44
2001	9,01	6,51	7,71	11,82
2002	8,64	6,50	7,65	12,09
2003	9,05	6,87	7,94	12,63
2004	8,97	6,78	8,11	12,66
2005	8,54	6,76	7,94	12,88
2006	8,27	6,49	8,55	12,75
2007	5,95	6,34	8,54	12,78
2008	6,62	6,01	8,48	13,00
2009	6,66	6,12	8,79	12,98
2010	5,35	6,28	8,73	13,01
2011	5,63	6,21	8,93	13,06
2012	5,31	6,10	8,98	13,04
2013	5,30	6,08	9,07	12,96
2014	4,68	6,29	9,26	12,96
2015	4,70	5,98	9,16	13,09
2016	4,46	6,50	8,95	13,57
2017	4,50	6,34	9,16	13,68
2018	4,96	6,06	9,34	13,67
2019	4,37	6,18	9,47	13,89
2020	6,48	6,74	10,22	13,81
2021	4,37	6,68	10,79	14,88

Source : Analyse Safi / Kanté

À la lecture du tableau 12, pour les pourcentages de dépenses de santé, on peut noter qu'entre 2000 et 2021, les pays africains n'ont pas franchi le seuil de 7 % par rapport au budget national. Pour le Sénégal, les dépenses en matière de santé ont chuté à partir de 2012.

Histogramme 13 : **Évolution des dépenses de santé (% des dépenses publiques) de 2000 à 2022**

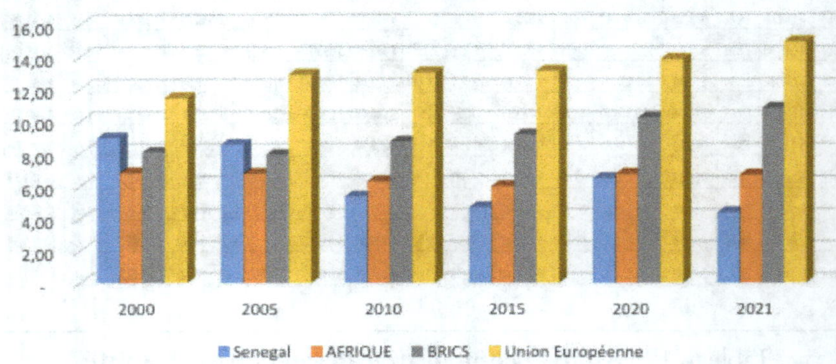

Source : Analyse Safi / Kanté

L'histogramme 13 permet d'apprécier l'importance des dépenses entre le Sénégal, l'Afrique, les BRICS et l'Union européenne.

Une analyse comparative des dépenses de santé en termes de pourcentage entre l'Afrique, les BRICS et l'Union européenne, dans la séquence temporelle de 2000 à 2021, montre clairement les efforts consentis par les pays africains dans ce domaine, en particulier par le Sénégal, même si aucun pays africain n'a atteint le seuil des 15 % du budget national, à la suite des recommandations de la conférence d'Abuja des chefs d'État africains en 2001.

Tableau 14 : **Analyse des dépenses d'éducation (% des dépenses publiques)**

Année	Sénégal	Afrique	BRICS	Union Européenne
1998	18,73	14,81	-	11,43
1999	16,82	17,43	-	11,40
2000	17,62	15,47	14,50	11,42
2001	15,73	17,34	11,73	11,87
2002	16,72	16,15	11,15	12,08
2003	16,12	17,79	13,30	12,24
2004	16,96	15,83	12,08	11,97
2005	21,77	16,43	12,07	12,17
2006	17,95	16,77	12,72	12,01
2007	-	17,47	10,19	11,72
2008	19,23	17,28	13,70	11,75
2009	23,30	17,10	13,01	11,24
2010	2,51	15,81	13,16	11,10
2011	21,09	16,39	13,67	11,25
2012	20,80	16,45	14,03	11,08
2013	25,74	15,78	13,57	10,90
2014	24,80	16,02	13,49	10,81
2015	23,78	16,07	12,47	11,12
2016	21,34	15,72	13,63	11,01
2017	21,10	15,99	13,43	11,05
2018	22,66	16,43	13,54	11,19
2019	20,81	15,52	13,39	11,18
2020	21,44	15,56	12,93	10,55
2021	21,72	15,17	14,31	10,45
2022	22,48	15,27	14,44	-
2023	22,55	14,30	-	-

Source : Banque mondiale (WDI, 2023)

Ce tableau 14 est le reflet des dépenses en matière d'éducation (en pourcentage des dépenses publiques) : Sénégal *vs* Afrique+BRICS *vs* Union européenne entre 2000 et 2023.

Histogramme 15 : **Évolution des dépenses d'éducation en fonction des dépenses publiques**

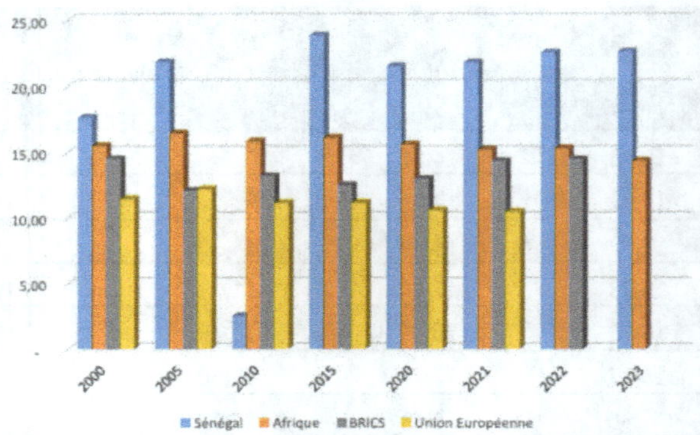

L'histogramme 15 confirme les montants investis dans l'éducation en termes de proportionnalité par rapport au budget global. Au demeurant, ce qui reste à faire est beaucoup plus important que ce qui a été fait, et cette logique est valable pour l'ensemble des pays africains, qui sous-estiment la valorisation du capital humain qui est pourtant le déterminant qui fait la différence entre les nations et les entreprises.

8. Évolution des dépenses publiques au Sénégal en fonction des indicateurs de développement économiques et impact sur la démographie entre 1960 et 2024

Au Sénégal, les dépenses publiques d'investissement ont varié entre 3 012 733 000 F CFA et 2 079 200 000 000 F CFA entre 1960 et 2024.

Cette partie de notre étude a pour objectif d'analyser les déterminants de l'investissement public par habitant au Sénégal, en mettant un accent particulier sur l'effet du PIB par habitant et en tenant compte des variables de contrôle telles que la population et l'aide publique au développement par habitant.

Elle vise principalement à :

- analyser l'évolution des dépenses d'investissement au Sénégal entre 1960 et 2024;
- évaluer l'impact du PIB par habitant sur les dépenses d'investissement par habitant;
- comparer les indicateurs de développement sous les différentes mandatures présidentielles.

L'analyse repose sur des données économiques et démographiques du Sénégal, couvrant la période 1960-2024.

Les variables clés incluent les dépenses d'investissement totales (inv), la population totale (pop_totale) et le PIB par habitant (pibhbt).

La variable investissement par habitant (inv_hbt) a été créée dans le cadre de l'analyse.

La variable id_president représente les périodes présidentielles du Sénégal, codées de manière numérique pour faciliter l'analyse. Les correspondances sont les suivantes :

id_president	Président	Période
1	Léopold Sédar Senghor	1960-1980
2	Abdou Diouf	1981-2000
3	Abdoulaye Wade	2000-2012
4	Macky Sall	2012-2024

Les données concernant les dépenses publiques ont été extraites des archives nationales présentes dans les sites de la Direction Générale du Budget et du Ministère des Finances à travers la lecture des Lois de finances (initiales et rectificatives), des lois de règlement, des budgets d'équipement, des situations d'exécution budgétaire, etc.

Les données des autres indicateurs de développement proviennent de la base officielle de la Banque Mondiale (WDI, 2023).

Les méthodes d'analyse incluent des visualisations graphiques, des corrélations et des régressions linéaires pour évaluer l'impact du PIB par habitant sur les dépenses d'investissement du Sénégal. L'analyse descriptive des tendances temporelles porte sur :

8.1 Évolution des dépenses publiques

Graphique 16 : **Évolution des dépenses totales, d'investissement et de fonctionnement**

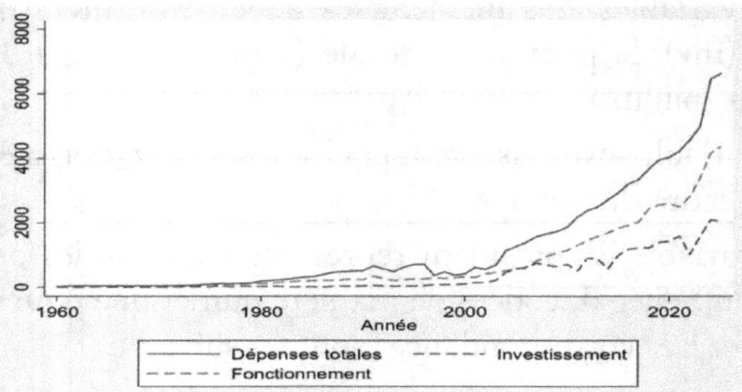

L'analyse montre une augmentation marquée des dépenses publiques, en particulier des dépenses d'investissement, au Sénégal entre 1960 et 2024. Cette évolution peut être divisée en trois grandes phases :

1960-1980 : on constate que les dépenses étaient modérées en cette période correspondant à la Présidence de Léopold Sédar Senghor.

1981-2000 : sous Abdou Diouf, une hausse progressive des dépenses d'investissement est observée.

2001-2024 : les mandats récents montrent une explosion des dépenses d'investissement, liée aux grands projets d'infrastructures des Présidents Abdoulaye Wade et Macky Sall.

8.2 *Évolution de l'investissement et la population*

Graphique 17 : **Évolution de l'investissement par habitant entre 1960 et 2024**

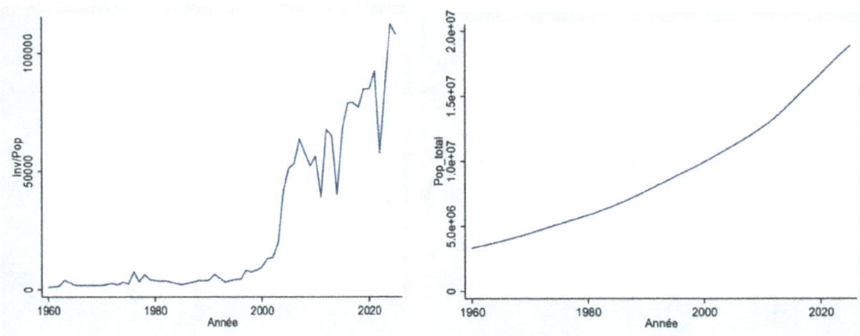

Graphique 18 : **Évolution de la population entre 1960 et 2024**

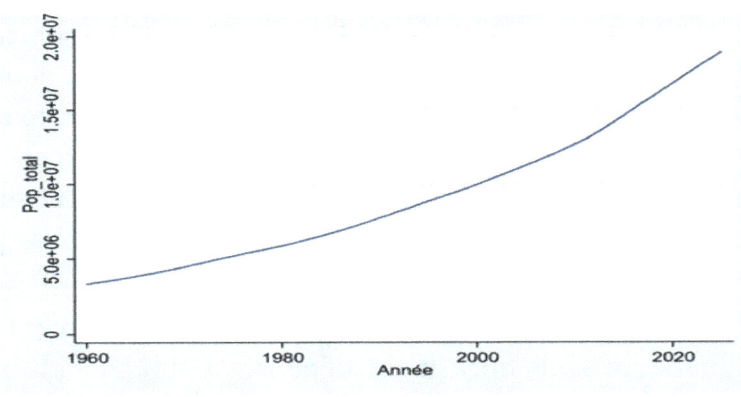

Comme l'indique le graphique 18, la population sénégalaise a suivi une tendance haussière régulière, ce qui a amplifié les besoins en infrastructures et services publics.

Les dépenses d'investissement au Sénégal, comme l'illustre le graphique 17, ont connu une forte progression entre 1960 et 2024, marquée par une augmentation modérée sous Léopold Sédar Senghor, une croissance progressive sous Abdou Diouf, et une explosion liée aux grands projets d'infrastructures après 2000 sous Abdoulaye Wade et Macky Sall.

Nous avons analysé les relations entre l'investissement par habitant et le PIB par habitant, ce qui a permis d'avoir les résultats ci-après :

Une corrélation entre les variables

	inv_hbt	pibhbt	depenses	croiss~b	pop_to~e	apdhbt
inv_hbt	1.0000					
pibhbt	0.8781	1.0000				
depenses	0.9271	0.9008	1.0000			
croiss_pib	0.1802	0.1387	0.1708	1.0000		
pop_totale	0.9009	0.9215	0.9348	0.1658	1.0000	
apdhbt	0.4734	0.7478	0.5325	0.0101	0.6402	1.0000

L'interprétation de ce tableau nous amène à constater que :

- En ce qui concerne la relation entre les dépenses d'investissement par habitant (inv_hbt) et le PIB par habitant (pibhbt), on remarque qu'il existe une corrélation forte et positive de 87,81 %. En conséquence, on peut déduire qu'une augmentation du PIB par habitant est fortement associée à une hausse des dépenses d'investissement par habitant. Cela suggère que les périodes de croissance économique favorisent des investissements publics plus importants.
- Pour la relation entre les dépenses d'investissement par habitant (inv_hbt) et les dépenses publiques globales (dépenses), on note qu'il existe une forte corrélation de 92,71 %. En conséquence, une augmentation des dépenses publiques est fortement associée à une hausse de l'investissement par habitant.
- Pour la relation entre dépenses d'investissement par habitant (inv_hbt) et Population totale (pop_totale), on constate une corrélation très forte et positive de 90,09 %. On peut déduire que les dépenses d'investissement augmentent avec la taille de la population, probablement pour répondre aux besoins croissants en infrastructures et services publics.

- Quant au lien entre les dépenses d'investissement par habitant (inv_hbt) et l'aide publique au développement par habitant (apdhbt), on note une corrélation modérée et positive 47,79 %, qui est le signe d'une relation positive mais plus faible entre les investissements et l'APD. Toutefois l'APD par habitant est fortement corrélée avec le PIB par habitant et la population totale, qui à leur tour sont fortement corrélés avec l'investissement par habitant.

Nous pouvons donc conclure que l'investissement par habitant dépend davantage de la taille des dépenses publiques, de la population totale et du PIB par habitant, reflétant des besoins croissants en infrastructures, dans un contexte de croissance démographique.

Une régression simple

Dans ce modèle, seul le PIB par habitant est utilisé comme variable explicative pour mesurer son impact direct sur l'investissement par habitant.

Le modèle utilisé est le suivant :

$$\textbf{Investissement par habitant} = \beta_0 + \beta_1.\textbf{PIB par habitant} + \epsilon$$

```
regress  inv_hbt pibhbt
```

Source	SS	df	MS
Model	4.0589e+10	1	4.0589e+10
Residual	1.0878e+10	53	205249917
Total	5.1467e+10	54	953092250

Number of obs =	55
F(1, 53) =	197.75
Prob > F =	0.0000
R-squared =	0.7886
Adj R-squared =	0.7846
Root MSE =	14327

inv_hbt	Coef.	Std. Err.	t	P>|t|	[95% Conf. Interval]	
pibhbt	67.94397	4.831585	14.06	0.000	58.25304	77.6349
_cons	-32345.47	4629.859	-6.99	0.000	-41631.79	-23059.15

Interprétation

Les résultats montrent que le modèle explique 78,46 % de la variance des investissements par habitant (R^2 = 0,7846), indiquant une relation forte entre ces deux variables.

Le coefficient du PIB par habitant est de 67,94, ce qui signifie qu'une augmentation d'une unité du PIB par habitant entraîne en moyenne une augmentation des dépenses d'investissement par habitant de 67,94 unités. Cette relation est hautement significative (p - value = 0,000). On peut donc conclure que le PIB par habitant est un déterminant clé des dépenses d'investissement par habitant, confirmant que la croissance économique stimule l'investissement public.

Pour la régression multiple

L'objectif principal de cette régression est d'analyser la relation entre les investissements publics par habitant et la croissance économique mesurée par le PIB par habitant, tout en tenant compte de variables de contrôle telles que la population totale, les dépenses publiques et l'aide publique au développement par habitant. Le modèle utilisé est le suivant :

$$\textbf{Investissement par habitant} = \beta_0 + \beta_1.\textbf{PIB par habitant} + \beta_2.X + \epsilon$$

Où X représente l'ensemble des variables de contrôle.

```
regress  inv_hbt pibhbt depenses pop_totale apdhbt
```

Source	SS	df	MS
Model	4.2414e+10	4	1.0604e+10
Residual	4.9037e+09	48	102159998
Total	4.7318e+10	52	909960507

Number of obs =	53
F(4, 48) =	103.79
Prob > F =	0.0000
R-squared =	0.8964
Adj R-squared =	0.8877
Root MSE =	10107

inv_hbt	Coef.	Std. Err.	t	P>|t|	[95% Conf.	Interval]
pibhbt	38.66421	12.79102	3.02	0.004	12.94614	64.38227
depenses	8.852559	3.589544	2.47	0.017	1.635297	16.06982
pop_totale	.0018972	.001148	1.65	0.105	-.000411	.0042053
apdhbt	-295.0587	89.98832	-3.28	0.002	-475.9923	-114.1251
_cons	-18948.69	6574.404	-2.88	0.006	-32167.41	-5729.964

On peut en déduire :

- qu'en ajoutant des variables de contrôle, le modèle devient plus explicatif (R^2 ajusté = 88,77 %) ;
- que l'effet du PIB par habitant reste significatif avec un coefficient de 54,82, confirmant son rôle clé ;
- que la population totale (pop_totale) devient non significative avec l'ajout de la variable dépenses publiques (dépenses). La corrélation de 93 % entre ces deux variables dépendantes crée un problème de multicolinéarité. Cela suggère que l'effet de la taille de la population sur les investissements par habitant est indirect et passe principalement par les dépenses publiques ;
- que le coefficient négatif de l'APD par habitant (apdhbt) (-295,05) montre qu'une augmentation d'une unité de l'APD par habitant est associée à une diminution importante des dépenses d'investissement par habitant.

On peut donc conclure, au vu des résultats, que le PIB par habitant est le principal déterminant des investissements publics au Sénégal, soulignant l'importance de la croissance économique pour stimuler les dépenses publiques.

Dans l'analyse par mandats présidentiels, le tableau ci-dessous montre la moyenne de plusieurs variables selon les différentes périodes de présidence (identifiées par la variable id_president).

Tableau 19 : **Synthèse des moyennes statistiques**

Période	Président	Dépenses publiques moyennes (millions de F CFA)	Dépenses de fonctionnement moyennes (millions de F CFA)	Dépenses publiques d'investissement moyennes (millions de FCFA)	Investissement moyen par habitant (F CFA)
1960 1980	Léopold S. SENGHOR	75,173	53,351	15,368	3 085,76
1980 2000	Abdou DIOUF	465,909	231,743	35,189	4 528,06
2000 2012	Abdoulaye WADE	1 260,48	712,391	462,595	3 9376,4
2012 2024	Macky SALL	3 752,53	2374.6	1 237,64	76 647,6

Graphique 20 : **Investissement moyen par habitant (en F CFA)**

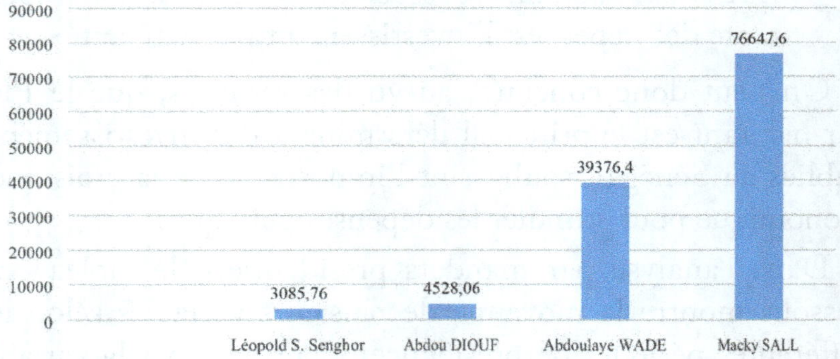

Le tableau 19 et le graphique 20 permettent de constater une tendance linéaire et progressive selon les séquences temporelles de gouvernance présidentielle :

- Léopold Sédar Senghor a une moyenne d'investissement égale à 3 085,76 francs CFA par habitant. Les investissements par habitant sous cette mandature sont relativement faibles comparés aux périodes ultérieures ;
- Abdou Diouf a une moyenne d'investissement par habitant égale à 4 528,06 francs CFA. On note une augmentation sensible du volume budgétaire par rapport

au précédent régime. Cela suggère un effort accru pour l'amélioration des investissements par habitant.

- Abdoulaye Wade a une moyenne d'investissement par habitant égale à 39 376,4 francs CFA, presque 9 fois plus que Abdou Diouf et 13 fois plus que Senghor. On observe une croissance spectaculaire des investissements par habitant sous cette mandature. Cela pourrait refléter une stratégie massive de projets d'infrastructures, de politiques de développement orientées vers les besoins des populations ou une réallocation des ressources en faveur des investissements. Cette progression traduit aussi la mise en œuvre de la doctrine libérale du Président Abdoulaye Wade orientée vers l'approche keynésienne de la gouvernance.
- Macky Sall a une moyenne d'investissement par habitant égale à 76 647,6 francs CFA, soit 2 fois plus que Abdoulaye Wade. Cette augmentation significative pourrait être l'indication d'une priorité encore plus importante des investissements pour l'amélioration de la qualité des infrastructures, couplée à des marqueurs sociaux, pour corriger les inégalités et réduire la pauvreté.

À cet effet, on peut déduire :

- qu'une forte hausse des dépenses publiques (notamment celles liées au fonctionnement) peut s'expliquer par une grande expansion des activités gouvernementales ;
- qu'une diminution de la croissance des investissements pourrait signifier une saturation ou une diminution de l'efficacité des investissements.

Nous pouvons déduire que les résultats de cette étude mettent en lumière les tendances suivantes :

- la relation forte entre le PIB par habitant et les investissements publics indique que la croissance économique est un moteur clé pour financer les infrastructures ;

- les dépenses publiques au Sénégal ont suivi une trajectoire ascendante, en particulier pour les investissements, reflétant une croissance économique soutenue et des besoins accrus en infrastructures ;
- la progression de l'investissement est aussi influencée par la croissance démographique à travers l'augmentation des dépenses publiques globales.

Bien que les montants totaux investis augmentent, la croissance relative des investissements diminue, suggérant un ralentissement du rythme des projets d'infrastructures ou une saturation des secteurs prioritaires.

9. Corrélation entre impact de la qualité des politiques publiques sur la population jeune et changement de pouvoir au Sénégal

Le Sénégal, à l'image de nombreux pays africains, se caractérise par une population majoritairement jeune. Selon les données démographiques, les individus âgés de 15 à 35 ans représentent une part significative de la population totale (entre 30,5 et 34,7 % de 1960 à 2024). Cette dynamique démographique soulève des questions sur son influence potentielle dans les processus électoraux et les changements de pouvoir.

Cette analyse vise à examiner les corrélations entre la proportion de jeunes au Sénégal et les résultats électoraux des partis politiques ayant accédé au pouvoir, notamment le Parti Socialiste (PS), le Parti Démocratique Sénégalais (PDS), l'Alliance pour la République (APR) et le parti Patriotes du Sénégal pour le Travail, l'Éthique et la Fraternité (PASTEF).

En complément, l'ajout du nombre de partis ayant participé aux élections présidentielles comme variable de contrôle permet d'évaluer dans quelle mesure la compétition politique module cette relation. L'étude couvre les 12 élections présidentielles organisées au Sénégal depuis l'indépendance en 1960. Les données utilisées incluent :

a. les scores électoraux des principaux partis politiques lors des élections présidentielles du Sénégal (PS, PDS, APR et PASTEF), issus de sources comme Wikipédia et de rapports officiels ;
b. la population jeune du Sénégal comprise entre 15 et 35 ans (pop_1535) de 1960 à 2024, tirée de la Base de données officielle de la Banque Mondiale (WDI, 2024) ;
c. le nombre de partis ayant participé à chaque élection présidentielle (nbre_partis), extraits des rapports officiels.

Les analyses ont été effectuées à l'aide de statistiques descriptives pour une visualisation des tendances ; de corrélations linéaires pour mesurer l'intensité et la direction des relations entre les variables et les régressions multiples pour une analyse économétrique entre les variables étudiées. Cependant, certaines limites peuvent être soulignées qui portent sur les données disponibles pour l'APR et le PASTEF qui sont insuffisantes et ne permettent pas d'approfondir, en conséquence, les analyses économétriques pour ces partis (respectivement 3 et 2 données représentant le nombre de participation aux élections présidentielles).

L'analyse des données nous a permis d'obtenir la représentation graphique ci-dessous qui met en évidence les scores électoraux obtenus par le PS, le PDS, l'APR et le PASTEF au fil des élections présidentielles.

Histogramme 21 : **Évolution des scores électoraux par parti politique**

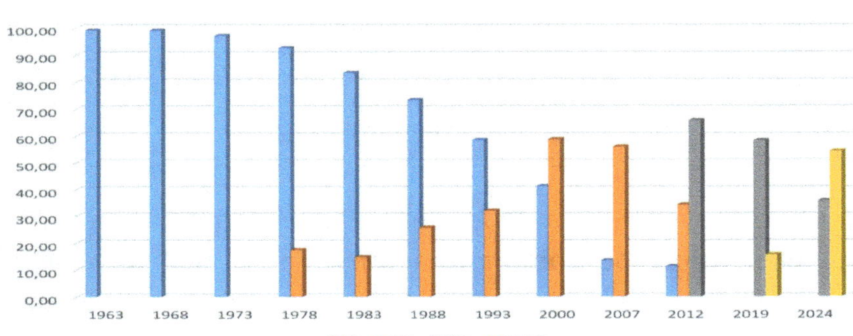

À la lecture de l'histogramme 21, on peut déduire que le PS a connu une baisse marquée de ses scores au fil du temps, ce qui reflète une perte progressive d'influence, notamment après l'arrivée du PDS comme nouvel entrant dans l'arène politique. Le PDS montre une trajectoire ascendante jusqu'en 2000, avec un pic correspondant à l'alternance politique de cette année-là. Cependant, ces déclins sont visibles après 2012, marquant une perte d'élan face à de nouveaux acteurs politiques. Pour l'APR, bien que les données soient limitées (seulement 3 participations), le graphique montre une montée rapide des scores dès sa création, conduisant à sa victoire en 2012. Le PASTEF, encore jeune, se distingue par une croissance significative en popularité.

Ces tendances illustrent clairement le déclin des partis historiques et l'émergence des nouvelles formations politiques, mettant en évidence une dynamique d'évolution des préférences électorales particulièrement influencée par la jeunesse.

Graphique 22 : **Évolution de la taille de la population jeune (15-35 ans) au fil des années**

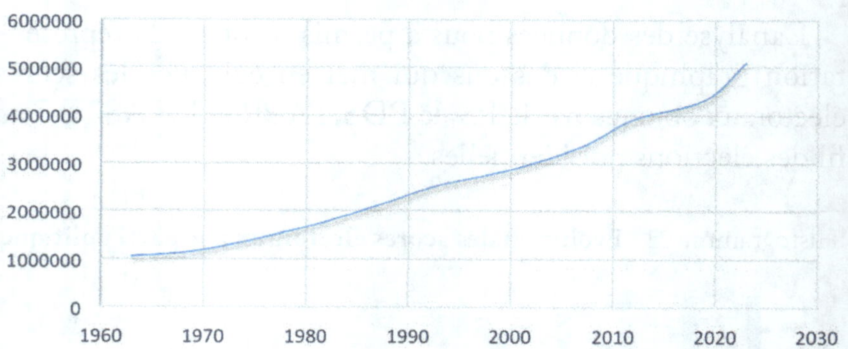

Source : Analyse Safi / Kanté

On observe à travers ce graphique une augmentation continue et marquée du nombre de jeunes (15-35 ans) au Sénégal entre 1960 et 2024. Cette tendance montre une croissance démographique significative dans cette tranche d'âge.

Graphique 23 : **Évolution des scores du PS en fonction de la croissance de la population jeune**

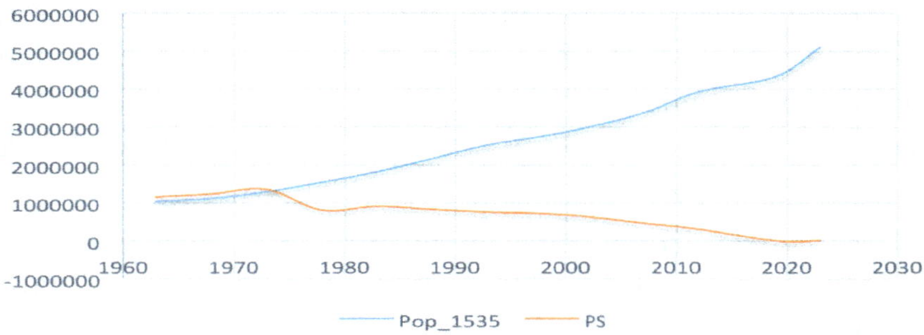

Source : Analyse Safi / Kanté

On peut déduire de ce graphique 23 que l'évolution de ces 2 variables montre une corrélation négative apparente. Cette dynamique reflète probablement une difficulté du PS à capter l'intérêt des jeunes générations, qui constituent une part croissante de la population.

Graphique 24 : **Évolution des scores du PDS en fonction de la croissance de la population jeune**

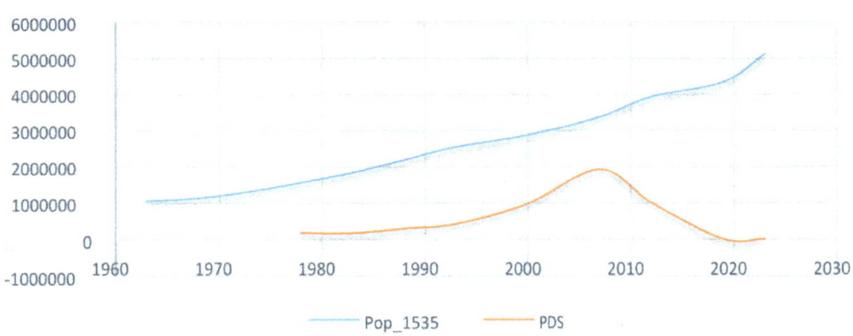

Source : Analyse Safi / Kanté

Contrairement au PS, le PDS montre une relation plus complexe avec la population jeune. La hausse initiale pourrait indiquer une capacité à mobiliser ce segment démographique, mais le déclin après 2012 reflète une perte d'attractivité auprès des jeunes, confirmée par l'émergence de nouvelles forces politiques.

Ces observations préliminaires suggèrent une possible corrélation entre la dynamique démographique et les résultats électoraux des partis politiques, ce qui nous a poussé à réaliser une analyse économétrique pour évaluer la significativité de ces relations.

Le modèle économétrique suivant a été développé pour analyser l'impact combiné de la proportion de jeunes dans la population et du nombre de partis en compétition sur les scores électoraux du PS et du PDS.

Il est formulé comme suit :

$$\textbf{Score\_électoral} = \beta_0 + \beta_1 . \textbf{pop\_1535} + \beta_2 . \textbf{nombre-partis} + \epsilon$$

- **Score_électoral** : variable dépendante représentant les scores électoraux des partis.
- **pop_1535** : proportion de jeunes dans la population (15 à 35 ans), représentant le volume démographique de la jeunesse.
- **nombre_partis** : nombre total de partis ayant participé à l'élection présidentielle, utilisé comme variable de contrôle pour capturer la compétition politique.
- $\beta_0, \beta_1, \beta_2$: les coefficients à estimer, qui reflètent respectivement l'effet constant, l'impact de la population jeune, et celui de la compétition politique.
- ϵ : capture la partie de la variation du score électoral qui n'est pas expliquée par le modèle.

Régression entre le PS et la population jeune

Le modèle suivant permet d'analyser la contribution de chaque variable explicative (pop_1535 et nbre_partis) sur les scores électoraux du PS :

$$\textbf{PS} = \beta_0 + \beta_1 . \textbf{pop\_1535} + \beta_2 . \textbf{nbre - partis} + \epsilon$$

```
pwcorr PS pop_1535 nbre_partis, sig

                     PS   pop_1535 nbre_partis
-------------------------------------------------
PS               1.0000
pop_1535        -0.9834     1.0000
                 0.0000
nbre_partis     -0.9806     0.7334     1.0000
                 0.0000     0.0102


reg PS pop_1535 nbre_partis

      Source |       SS           df       MS          Number of obs   =       195
-------------+----------------------------------       F(  2,    192)  =    130.66
       Model |  10416.5781         2  5208.28907       Prob > F        =    0.0000
    Residual |  7646.50906       192  39.8250347       R-squared       =    0.5763
-------------+----------------------------------       Adj R-squared   =    0.5724
       Total |  18063.0891       194  93.1182212       Root MSE        =    6.3099

------------------------------------------------------------------------------
          PS |      Coef.   Std. Err.      t    P>|t|     [95% Conf. Interval]
-------------+----------------------------------------------------------------
    pop_1535 |  -.0000151   .0000076    -1.98   0.049    -.0000302   -4.9e-08
 nbre_partis |   0.068015   0.0162479    4.19   0.000     0.0359921   0.1000377
       _cons |   126.9531   7.740249    16.39   0.000     100.5824    140.1339
------------------------------------------------------------------------------
```

Résultats principaux

- PS et Pop_1535 : on note une corrélation négative quasi parfaite estimée à -0,9834 (soit 98,34 %), montrant une relation inverse entre ces deux variables. Autrement dit, plus la proportion de jeunes augmente, plus les performances électorales du PS déclinent. Cela confirme que la hausse de la population jeune est intimement liée à la baisse des performances électorales du PS.
- PS et nbre_partis : le nombre de partis présente une corrélation négative significative avec les scores du PS (-98,06 %). Cela suggère que plus il y a de partis en compétition, plus les scores électoraux du PS sont impactés négativement.
- Pop_1535 et nbre_partis : la corrélation entre ces deux variables est de 73,34 %, indiquant une relation positive forte. Cela signifie que l'augmentation de la population jeune est associée à une augmentation du nombre de partis en compétition, ce qui reflète une fragmentation croissante du paysage politique.
- Le coefficient de régression estimé pour pop_1535 est de -0,0000167 avec une probabilité p = 0,042 (indiquant la significativité de la relation). Cela signifie que pour chaque augmentation de 1 % dans la proportion de

jeunes, le score électoral du PS diminue en moyenne de 0,0017 point de pourcentage. Cette tendance reflète une désaffection croissante de la jeunesse pour le PS au fil du temps même si l'influence demeure faible.

- Le coefficient de régression pour nbre_partis est de -3,062016 (probabilité p = 0,042), montrant que l'ajout d'un parti supplémentaire réduit significativement les scores électoraux du PS de 3,06 points.
- Le test global de significativité (Prob > F = 0,000) confirme la pertinence du modèle.
- La valeur du R^2 ajusté montre que 97,74 % de la variance des scores du PS est expliquée par la proportion de jeunes (pop_1535) et le nombre de partis (nbre_partis) par élection.

Ces résultats reflètent la robustesse de la relation négative observée.

Cette analyse met en lumière plusieurs dynamiques importantes dans le paysage politique sénégalais :

- L'effet générationnel de la jeunesse joue un rôle crucial dans les changements de pouvoir. Les partis historiques comme le PS, incapables de répondre aux attentes des jeunes, ont vu leur influence diminuer face à une population en pleine progression.
- La fragmentation politique se traduit par l'augmentation du nombre de partis en compétition et affecte négativement les performances du PS, reflétant une diversification des options politiques et une fragmentation accrue de l'électorat.

Ces deux variables ne sont pas indépendantes : une population jeune en constante progression, souvent attirée par des alternatives, favorise la montée en puissance de nouveaux partis, ce qui accentue la fragmentation du paysage politique, intensifie la dispersion des voix et affecte particulièrement les partis historiques comme le PS.

Plusieurs facteurs peuvent expliquer cette tendance, notamment le manque de politiques adaptées. La jeunesse sénégalaise est particulièrement préoccupée par des enjeux tels que l'emploi, l'éducation et l'accès aux opportunités économiques, des priorités qui pourraient avoir été insuffisamment prises en compte par le PS.

Les jeunes semblent ainsi se tourner vers des formations politiques offrant une vision plus en phase avec leurs attentes.

Pour la régression entre les scores du PDS et la population jeune, le modèle suivant est utilisé pour capter l'influence des variables explicatives sur les performances électorales du PDS :

```
regress    inv_hbt pibbet depenses pop_totale apdhbt

      Source |       SS           df       MS      Number of obs   =        53
-------------+----------------------------------   F(  4,     48)  =     19.70
       Model |  4.24142e+10         4  1.060355e+10   Prob > F        =    0.0000
    Residual |  4.9037e+09         48  1.021208e+08   R-squared       =    0.6217
-------------+----------------------------------   Adj R-squared   =    0.5867
       Total |  4.7318e+10         52  9.099615e+08   Root MSE        =     10107

------------------------------------------------------------------------------
     inv_hbt |      Coef.   Std. Err.      t    P>|t|     [95% Conf. Interval]
-------------+----------------------------------------------------------------
      pibbet |   38.44612   12.77002     3.02   0.004     12.92641    64.38227
    depenses |   .0074855   .0017511     4.27   0.000     .0039571    .0110138
  pop_totale |  -.0032703   .0035814    -0.91   0.365    -.0104817    .0039411
      apdhbt |  -2805.679   1205.402    -2.33   0.025    -5231.263   -380.0944
       _cons |  -18948.69   6574.404    -2.88   0.006    -32167.91   -5729.464
------------------------------------------------------------------------------
```

On obtient ainsi :

- Pour PDS et Pop_1535 : une corrélation positive modérée de 72,04 % est observée, mais elle n'est pas statistiquement significative au seuil classique de 5 % (p = 0,0679). Cela indique une relation possible mais non concluante entre la proportion de jeunes et les scores électoraux du PDS.
- Pour PDS et nbre_partis : une corrélation positive plus faible de 66,44 % est observée, avec une significativité marginale (p = 0,1036). Cela suggère que les performances électorales du PDS peuvent ne pas être liées à l'augmentation du nombre de partis politiques.

Pour les résultats de la régression, le modèle est globalement non significatif (Prob > F = 0,2291 > 5 %), indiquant qu'il n'est pas valide pour expliquer les scores du PDS. Autrement dit, ni la proportion de jeunes ni le nombre de partis n'ont d'influence statistiquement significative.

Cela suggère que les dynamiques qui influencent les résultats du PDS nécessitent l'intégration d'autres variables explicatives ou une approche différente.

Cependant, il faut constater des limites dans les données et leurs implications pour l'analyse.

L'un des défis majeurs de cette analyse réside dans la faiblesse des données disponibles, qui a limité certaines de ses étapes, notamment la taille de l'échantillon. Les variables clés, telles que les scores électoraux des partis politiques (PS, PDS) et la proportion de jeunes (pop_1535), couvrent un nombre limité d'observations en raison du faible nombre d'élections disponibles et du manque de données historiques détaillées. Cela a pu réduire la robustesse statistique de certaines relations observées.

Malgré ces limites, les résultats obtenus offrent des indications précieuses sur la relation entre la démographie et les changements politiques au Sénégal.

Cette étude souligne donc l'importance d'analyser les dynamiques démographiques et politiques dans l'évolution des performances électorales au Sénégal. Elle montre aussi que chaque parti répond différemment à ces dynamiques. Les résultats mettent en lumière des tendances différenciées selon les partis :

- Le Parti Socialiste (PS), en tant que parti historique, apparaît particulièrement vulnérable face à deux évolutions majeures : l'expansion rapide de la population jeune et la fragmentation croissante du paysage politique. Ces changements ont affaibli son influence, traduisant une inadéquation progressive entre ses politiques et les attentes des nouvelles générations.

- Le Parti Démocratique Sénégalais (PDS), quant à lui, semble répondre différemment à ces dynamiques. Les variations de ses scores électoraux suggèrent que d'autres facteurs, non explorés dans cette analyse, jouent un rôle significatif.

10. Économie basée sur les exportations de matières premières sans perspectives d'industrialisation

Les caractéristiques de la structure productive africaine s'apprécient très sommairement à travers quatre niveaux : la structure de la production suivant les activités ; la structure des exportations ; la diversification des produits ; et la complexité des produits.

L'analyse de la contribution sectorielle de la croissance en Afrique montre que l'agriculture contribue d'une manière générale à hauteur de 16 %, l'industrie 26 % et les services 56 % en moyenne. Comparée aux pays asiatiques et d'Amérique latine, la contribution de l'agriculture africaine dans le PIB reste très faible.

Le profil des exportations du continent révèle une forte concentration des produits non transformés et une faible représentation des produits manufacturés. L'analyse de la diversification qui mesure l'amplitude de la diversification sectorielle de la production et la variété des exportations, utilisant l'indice de Herfindahl-Hirschman, permet de constater que seuls l'Afrique du Sud, le Maroc, la Tunisie et le Kenya ont des structures d'exportation qui se rapprochent au mieux des moyennes qui prévalent dans le monde et de celles des pays développés. Des efforts sont à faire pour améliorer la position globale de l'Afrique dans ce domaine. La complexité renvoie au niveau de sophistication technologique d'un pays et son aptitude à fabriquer un produit.

L'indice de complexité économique repose sur la notion d'ubiquité dont la faiblesse indique le niveau de sophistication technologique, par rapport à une situation de référence. C'est pourquoi les obstacles, symbolisés par un mur en béton qu'il faut à tout prix démolir, sont à combattre d'une manière individuelle et collective par nos pays. Cela passera par l'amélioration de certains leviers comme : l'innovation technologique, la qualité de la main d'œuvre, l'intégration économique, le renforcement des infrastructures, le taux d'accès à l'électricité, le rôle de l'État et ses interventions, l'accès aux financements pour les PME/TPE, la promotion du statut de la femme, l'accès à la terre et les différentes réformes qui doivent accompagner cette transformation. Le second chapitre de l'étude s'intéresse aux perspectives, reviendra largement sur ces aspects.

Une mise en œuvre de la stratégie de transformation productive doit permettre à l'Afrique d'améliorer son profil en misant sur certains facteurs clés de succès. L'accroissement de la production agricole, qui permet d'atteindre l'autosuffisance alimentaire et d'arriver au cinquième levier de Rostow qui mène vers la transformation et l'industrialisation, doit figurer parmi les grandes priorités du continent si l'on veut réduire sa dépendance dans ce domaine stratégique.

D'autres pathologies chroniques continuent d'entretenir la pauvreté intergénérationnelle. Il s'agit notamment des cycles d'endettement nocifs, de l'inflation exogène générée par la faiblesse de nos monnaies et de la suprématie du dollar, entre autres.

11. Endettement nocif

J'ai toujours considéré la dette africaine comme une camisole de force appauvrissante dont il faut absolument se dévêtir pour changer de paradigme et aller vers un endettement utile. Il faut rappeler que la camisole de l'endettement avait été jetée durant les années 1960, à la suite du premier choc pétrolier. Les pays européens voulaient alors recycler les excédents de financements qu'ils avaient encaissés. Il leur fallait trouver un moyen de fructifier les pétrodollars placés dans leurs banques par les pays exportateurs de pétrole. Mais l'exercice s'avérait très difficile, dans un contexte de concurrence interbancaire exacerbée. C'est ainsi que des prêts en monnaies européennes furent concédés aux pays du tiers-monde. Malheureusement, ces prêts ont été mal gérés et n'ont développé ni l'agriculture, encore moins les systèmes d'éducation et de santé en Afrique, ni financé des projets d'investissements productifs capables de renforcer les capacités de production, d'industrialisation et d'exportation qui auraient permis de générer les flux de devises nécessaires au remboursement des dettes contractées. Sans aucun doute, ces dettes auraient pu tracer les sillons d'une souveraineté alimentaire et énergétiques entre autres. Les gouvernements des pays en développement s'étaient au contraire lancé dans des programmes dont la rentabilité s'était avérée plus que douteuse et, dans tous les cas, inadaptés aux besoins rééls de leur pays.

Ainsi, et bien souvent, avec la complicité de certains dirigeants des pays occidentaux, certaines autorités africaines avaient détourné l'argent prêté pour le placer dans des paradis fiscaux et des banques des pays du Nord. Une partie de l'argent détourné avait parfois été utilisée pour entretenir les réseaux politiques de leurs parrains. En outre, on a pu constater que la fortune personnelle de certains présidents africains était supérieure ou égale à la dette extérieure de leur pays et le système bancaire occidentale n'a pas hesité à cannibaliser sans sentiments toutes ces richesses et sans aucune raison valable.

En plus de la mauvaise utilisation des ressources de la dette, d'autres éléments aggravants s'ajoutèrent à ce tableau déjà sombre.

Les politiques anti-inflationnistes des années 80 avaient favorisé l'augmentation drastique de la charge de la dette des pays en développement, qui avaient contracté exclusivement à des taux variables. À titre d'exemples, le taux débiteur anglais était passé de 11 % en début 1979 à 20 % en mai 1981. Par ailleurs, le ralentissement de l'économie mondiale avait engendré une baisse des cours des matières premières et, par ricochet, des pertes de recettes notables pour les pays africains.

La mauvaise gouvernance de la dette couplée à un environnement économique défavorable avait ainsi conduit certains pays en développement en récession et d'autres en cessation de paiement. C'est dans ce cadre que les programmes d'ajustement structurels qui étaient destinés non pas à aider les pays africains, mais plutôt à assurer que le versement de la charge d'intérêt de la dette se ferait vers les créanciers du nord, furent imposés aux pays africains.

Les 10 commandements de Washington, résultant de la diatribe idéologique du néolibéralisme et basés sur les doctrines économiques des trois oracles : Schumpeter, Fridman et Hayek, avaient servi de mise en œuvre de ces impératifs de la mondialisation et de la globalisation.

Par la suite, le programme Pays Pauvres très Endettés (PPTE), initié en 1996, par le Fonds Monétaire International (FMI) et la Banque Mondiale (BM), fut une source d'espoir pour certains pays désireux de lutter contre la pauvreté et de s'approcher au mieux des Objectifs du Millénaire pour le Développement.

Le tableau 25 reflète une synthèse des séquences d'annulation des dettes en Afrique.

Hélas, chassez le naturel, il revient au galop. Cette dette s'est en effet reconstituée au fil du temps, au point d'être gênante, aussi bien pour l'élite africaine consciente que pour les prêteurs occidentaux. Soyons clair, la dette africaine n'est ni hideuse et encore moins honteuse. Elle est comme toutes les dettes. Sa particularité est que l'Afrique est victime d'un endettement souvent forcé. La dette de l'Afrique n'est pas plus hideuse que la dette grecque qui fut deux fois plus importante que la dette des 54 pays d'Afrique réunis. Le paradoxe est qu'il avait fallu 48 heures en 2010 pour que les dirigeants européens et le FMI

Tableau 25 : **Annulation de la dette en Afrique**

ANNEE	PROGRAMME	LANCEMENT	PAYS BENEFICIAIRES	MONTANT	OBJECTIF
1996	Programme PPTE (Pays PauvresbTrès Endettés)	FMI, Banque mondiale	**37 pays** : Bénin - Burkina Faso - Burundi - Cameroun - République Centreafricaine - Tchad - Comores - RDC - République du Congo - Côte d'ivoire - Djibouti - Ethiopie - Gambie - Ghana - Guinée - Guinée_Bissau - Kenya - Lesotho - Libéria - Madagascar - Malawi - Mali - Mauritanie - Mozambique - Niger - Rwanda - Sao Tomé et Principe - Sénégal - Sierra léone - Somalie - Soudan - Tanzanie - Togo - Ouganda - Zambie - Zimbabwé - Erythrée	+ de 76 milliards de dollars	Réduire les niveaux de dette insoutenables pour les pays les plus pauvres du monde, dont beaucoup en Afrique
2005	Initiative d'Allègement de la Dette Multilatérale (MDRI)	Complément au PPTE	**29 pays** : Bénin - Burkina Faso - Cameroun - République Centreafricaine - Tchad - RDC - République du Congo - Côte d'ivoire - Ethiopie - Gambie - Ghana - Guinée - Guinée_Bissau - Libéria - Madagascar - Malawi - Mali - Mauritanie - Mozambique - Niger - Rwanda - Sao Tomé et Principe - Sénégal - Sierra Léone Tanzanie - Togo - Ouganda - Zambie	+ 40 milliards de dollars	Annuler 100 % des dettes des pays éligibles envers la Banque mondiale, le FMI et la BAD
2020-2021	COVID-19 : Initiative de Suspension du Service de la Dette (DSSI)	G20	**31 pays** : Angola - Bénin - Burkina Faso - Cameroun - Comores - RDC - Côte d'ivoire - Djibouti - Ethiopie - Gambie - Ghana - Guinée - Guinée_Bissau - Kenya - Lesotho - Libéria - Madagascar - Malawi - Mali - Mauritanie - Mozambique - Niger - Nigéria - Rwanda - Sao Tomé et Principe - Sénégal - Sierra Léone - Togo - Tchad - Ouganda - Zambie	12,9 milliards de dollars	Suspendre les paiements de la dette pour atténuer l'impact de la pandémie

débloquent 750 milliards d'euros, afin de l'apurer. La dette africaine, qui était estimée à 356 milliards d'euros, était restée dans le même temps comme une pathologie sans remède.

En revisitant l'histoire économique, on se rend compte que la dette a toujours été présente dans la vie des rois, des nations et des individus.

Certains monarques aux abois furent réduits, comme les pharaons d'Hérodote, à prostituer leurs filles, pour s'acquitter de leurs dettes, afin que les chantiers de leurs pyramides, à l'arrêt, puissent reprendre. Le Roi de France, Charles V, avait vendu sa sœur à un Visconti qui, tout heureux, se proclamait beau-frère du monarque le plus puissant d'Europe. Grâce à ce mariage, ce dernier avait apuré ses comptes et remboursé un tiers des dettes de la France. Les exemples sont nombreux et variés.

Ce qu'il faut retenir dans la problématique de l'emprunt public, c'est d'abord son approche doctrinale, qui a toujours fait débat. Certaines écoles de pensées considèrent que l'endettement est nécessaire et efficace pour la croissance d'un pays, et son développement, d'autres renient l'esprit d'endettement public et considèrent qu'il est néfaste pour les agents économiques et pour le développement.

La nécessité de l'endettement est théorisée par l'école keynésienne et Harrod-Domar. En effet, pour ce courant de pensée, l'endettement public qui rend possibles de nouveaux investissements importants n'entraine pas de coûts, ni pour les générations présentes, encore moins pour les générations futures. Dans cette logique, le principe d'équilibre budgétaire n'apparait plus comme fondamental. Un déficit budgétaire maîtrisé est toujours un facteur de relance et de croissance économique. Il permet de lutter contre le chômage, il stimule la demande de consommation globale qui favorise un effet multiplicateur capable de soutenir une croissance inclusive et durable. Il crée un effet d'accélération, qui entraine forcément une augmentation de l'investissement. La production repart alors à la hausse et, créant les conditions du plein-emploi, permet de lutter contre la pauvreté.

L'hypothèse basse du modèle de croissance d'Harrod-Domar est que, pour atteindre le taux de croissance garanti, il faut toujours créer un déficit budgétaire et le financer par un emprunt extérieur.

Pour les classiques, qui ne sont pas favorables à la dette publique, l'endettement est plutôt un report d'impôts sur les générations futures. Smith (1759) considère que la dette est pernicieuse et ne doit pas être encouragée. Elle favorise l'irresponsabilité et donne au souverain la possibilité de réaliser des dépenses inopportunes. J.B. Say (1799) milite pour une limitation de l'endettement, capable d'alimenter une consommation publique destructrice de richesse et de valeur et d'engendrer des intérêts indus. Ricardo (1817) estime que les citoyens perçoivent dans l'emprunt un impôt différé dans le temps et se verront dans l'obligation de payer dans le futur cet impôt qui sera revu à la hausse. Krugman (1988), Hayek (1989), Barro (1989), Froot et Calvo (1989) appartiennent à cette catégorie de pensée qui considère l'endettement comme une croissance artificielle, fondée sur un investissement plus important que les crédits générés par l'épargne nationale. Leur position est que l'État doit assurer sa mission régalienne à partir des ressources générées par l'activité économique, afin de ne pas créer des facteurs de sous-optimalité et de nuisances économiques.

Je rappelle que le professeur Hayek fait partie des oracles qui ont influencé la doctrine néolibérale, qui a donné naissance aux 10 commandements de Washington. Cette doctrine fut testée en Amérique latine, avec le général Pinochet, puis vulgarisée par Ronald Reagan et Margaret Thatcher et les Chicago Boys, dont la majeure partie avait été recrutée par les institutions financières internationales, dont le FMI, la BM, l'OMC et l'OCDE.

Ma position est claire. Je suis personnellement keynésien et partisan d'Harrod et Domar et je soutiens la nécessité de recourir au financement extérieur, mais utilisé de façon efficiente et vertueuse, à l'image du modèle Kindleberger.

Le Professeur Kassé, à qui je rends hommage, est souvent revenu sur cette question de la dette, proposant des pistes de solutions pertinentes que nos dirigeants peinent à appliquer.

Au demeurant, il nous faut accepter qu'une solution définitive de l'équation de la dette doit provenir des africains. À l'instar des Anglais et des Américains, qui ont traversé les mêmes difficultés, il nous faut compter sur nous-mêmes. Sur le plan économique, la dette publique est un stock. Sa contractualisation ne doit pas totalement influer sur le niveau du taux d'intérêt qui est une rémunération des flux annuels. Cependant, le non-paiement de la dette publique conduit les préteurs à anticiper sur un risque futur de l'État qui ne pourra honorer ses engagements. Dans cette logique, les banquiers deviennent plus exigeants, et majorent les taux d'intérêts. Il est vrai qu'en Europe, à une certaine période, les rois et les monarques pouvaient déclarer des banqueroutes volontaires et ne pas payer leurs dettes, entraînant pour les prêteurs des conséquences financières dramatiques. C'est pourquoi, pour restaurer la solvabilité de l'État, le roi Louis XVIII, dans la charte constitutionnelle de 1814, avait prévu, en son article 70, que la dette publique était garantie, et que toute espèce d'engagement pris par l'État était inviolable. Je reviendrai sur les pistes de solutions que nous avions préconisées dans le cadre de la commission d'experts que nous avions mis en place, composée des membres du Cercle des Économistes Français, notamment les Professeurs Jean-Hervé Lorenzi, Christian de Boissieu, d'experts du Centre de Développement de l'OCDE dirigé à l'époque par le Professeur Mario Pezzini et moi-même.

Un regard sur le passé doit nous inspirer. Pour faire face aux multiples problèmes du trésor britannique, le roi Guillaume d'Orange avait créé en 1694, un préteur en dernier ressort : la Bank Of England, dont la mission fondamentale était de racheter, à tout prix, la dette de l'État et de garantir à ceux qui la détenaient qu'ils seraient payés. Cela explique que les Anglais, dont le niveau d'endettement était pourtant très élevé, 250 % du PIB en 1816, plus de 300 % en 1946, arrivaient toujours à restaurer les équilibres macro-économiques, tout en s'acquittant de leurs dettes.

La France avait utilisé la même stratégie en mettant en place, en 1776, une caisse centrale d'escompte dont la mission était de récupérer les titres financiers émis par d'autres prêteurs, et de refinancer les créanciers de l'État.

L'idée du modèle américain est venue d'Alexander Hamilton, en 1790, avec l'objectif de rembourser la dette des colonies. L'idée était de créer un trésor américain porteur de dettes mutualisées des treize colonies, qui prendrait l'engagement de rembourser les prêts consentis par la banque centrale, et de mettre en place des droits de douane fédéraux qui alimenteraient les caisses du trésor. C'est ainsi que la Réserve Fédérale a vu le jour en 1913 avec, comme objectif fondamental, le refinancement de l'économie et, comme fonction particulière, le rachat auprès des banques de la dette publique.

Après la deuxième guerre mondiale, le modèle américain entre en Europe, avec le rapport Pierre Wagner, en 1971. Son projet était basé sur les banques centrales qui font du refinancement, mais qui n'ont pas les attributs des banques classiques, prêtant aux États-Unis. En 1973, la France modifie sur ce modèle les statuts de sa banque, confirmé par le traité de Maastricht en 1991. La Bank of England modifie, à son tour, ses statuts en 1997, et devient une banque centrale de refinancement au service de l'État.

Les leçons du passé doivent servir à construire l'avenir. Nous ne pouvons pas continuer d'entretenir des cycles de dettes infructueuses et abusives. Il nous faut mettre en œuvre des innovations adaptées aux réalités de la mondialisation et à la globalisation, avec audace et créativité, en cohérence avec les grandes ambitions d'une Afrique libre et prospère.

Tableau 26 : **Évolution de la dette publique en % du PIB**

Année	Sénégal	France	Etats-Unis	Afrique du Sud
2001	71	59	54,8	43,5
2002	61,7	60,9	57,2	36,9
2003	50,8	65	59,9	36,9
2004	43,9	66,6	61,1	35,9
2005	42,3	68	61,6	34,6
2006	17,7	65,3	62	32,6
2007	17,9	65,4	62,6	28,3
2008	19,5	69,7	67,5	27,8
2009	26,9	84	82,1	31,3
2010	27,5	86,3	90,9	34,7
2011	32	88,9	95,5	38,2
2012	30,8	91,7	99,6	41
2013	29,6	94,7	100,2	44,1
2014	35,2	96,3	102,1	47
2015	31,6	97,1	99,8	49,3
2016	32,1	98	104,8	51,6
2017	36,6	98,5	104,3	53,1
2018	47,9	98,2	105	56,6
2019	47,7	97,7	106,6	63,3
2020	68,8	114,9	126,3	70,7
2021	73	113	123,8	69,9
2022	53,9	111,9	121,9	72,8
2023	56,1	110,6	122,3	72,2

Graphique 27 : **Comparaison entre pays des moyennes de la dette publique en % du PIB**

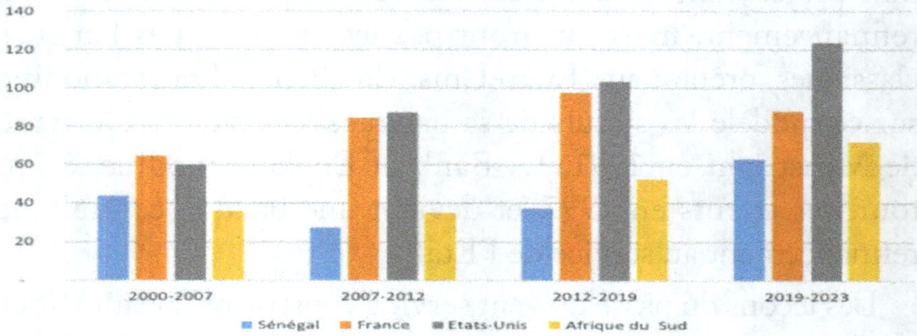

Graphique 28 : **Moyenne de la dette publique en % du PIB en fonction des mandats présidentiels du Sénégal**

	Sénégal	France	Etats-Unis	Afrique du Sud
2000-2007	43,61428571	64,31428571	59,88571429	35,52857143
2007-2012	27,34	84,12	87,12	34,6
2012-2019	37,24285714	97,21428571	103,2571429	52,14285714
2019-2024	62,95	87,6	123,575	71,4

Graphique 29 : **Évolution de la dette en % du PIB**

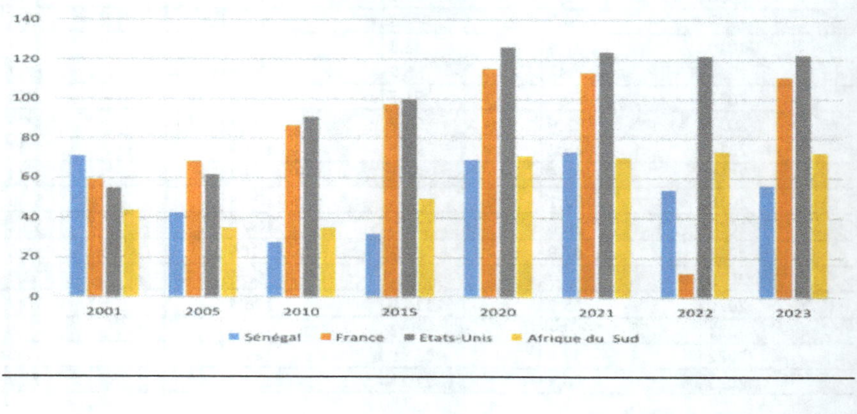

Tableau 30 : **Évolution de la dette en Afrique et dans les pays membres de l'OCDE**

ANNEE	Afrique (Dette en % du PIB)	OCDE (Dette en % du PIB)
1980	146,20	-
1981	221,10	-
1982	260,70	-
1983	259,30	-
1984	183,73	-
1985	154,00	-
1986	139,88	-
1987	113,60	-
1988	104,02	-
1989	85,05	-
1990	78,64	36,10
1991	94,95	41,55
1992	98,87	44,36
1993	96,95	43,15
1994	94,29	46,34
1995	80,86	58,86
1996	71,66	58,20
1997	67,38	62,56
1998	66,95	53,61
1999	83,77	55,08
2000	98,68	52,01
2001	97,42	58,61
2002	92,56	58,05
2003	88,22	57,83
2004	80,63	57,44
2005	69,55	59,53
2006	57,68	57,30
2007	51,00	54,99
2008	46,72	60,56
2009	41,27	70,13
2010	37,85	72,61
2011	37,19	75,56
2012	38,67	84,15
2013	41,59	84,74
2014	46,77	86,07
2015	53,20	83,66
2016	56,93	84,56
2017	58,54	82,00
2018	60,23	81,22
2019	64,33	80,25
2020	65,69	95,15
2021	63,80	90,77
2022	64,82	79,51
2023	65,79	75,86

Graphique 31 : **Niveau de la dette entre l'Afrique et l'OCDE**

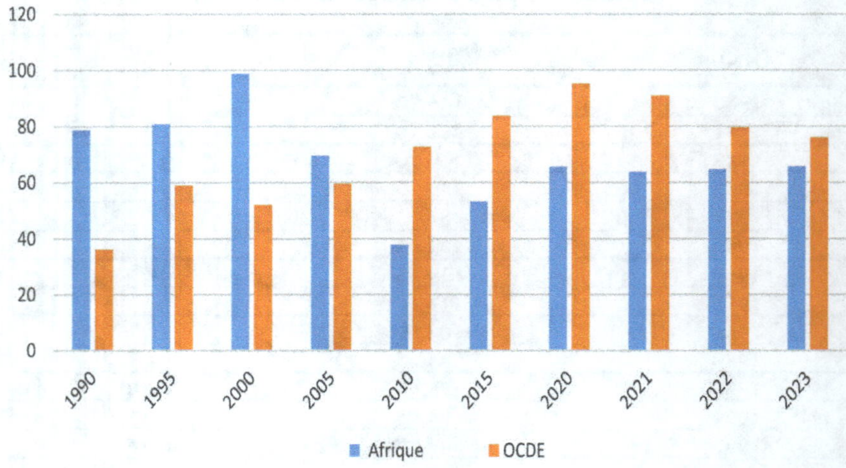

Graphique 32 : **Évolution de la dette en % du PIB en Afrique et dans l'OCDE de 1990 à 2023**

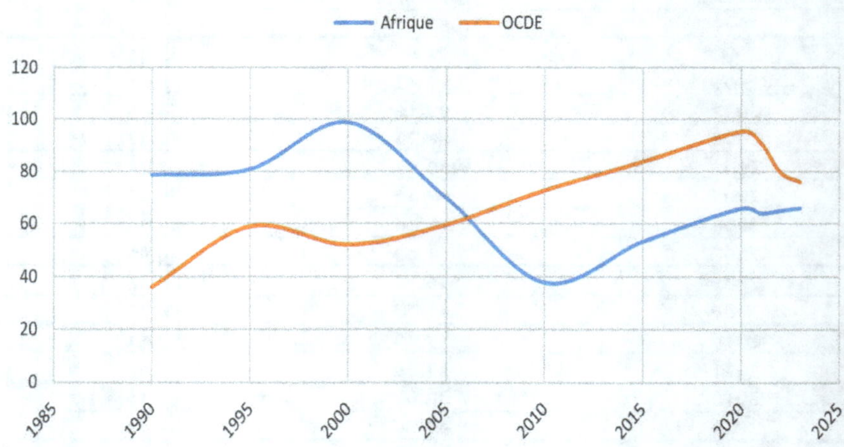

La question de la dette et de sa gouvernance est très technique et influencée par la logique doctrinale et les ambitions des dirigeants. C'est pourquoi, on parle de bonne dette et de mauvaise dette.

Prenons quelques exemples, entre 2007 et 2023 (voir tableau 30), la comparaison entre pourcentages dettes pays d'Afrique et ceux des pays membres de l'OCDE montre que la dette des pays membres de l'OCDE est largement plus élevée. En 2023, la dette des pays OCDE est estimée à 75,86 % du PIB, contre 65,75 % pour l'Afrique.

La dette de la France en pourcentage PIB est estimée à 112,8 % avec un déficit de plus de 6 %.

L'histoire a montré que les niveaux de dettes et de déficit varient suivant les Chefs d'État.

La dette de la première économie mondiale, les États-Unis, en pourcentage PIB en 2024 est estimée à 34 700 milliards de dollars, soit 125 % de son PIB, avec un déficit de 6,4 % du PIB et pèse 10 fois plus que la dette de la France et devrait atteindre 181 % du PIB en 2053. Sur ce montant, les 23 % sont détenus par des non-résidents, 770 milliards de dollars par des investisseurs chinois.

12. Piège de l'argent facile de l'aide au développement

Pendant des décennies, l'Afrique a reçu beaucoup d'aides pour son développement. Selon certaines estimations, les volumes d'aides reçus par l'Afrique des indépendances à nos jours dépassent ceux du Plan Marshall et cela sans compter des prêts concessionnels importants. Ces aides n'ont pas favorisé des révolutions alimentaires ou industrielles ou augmenté le niveau de prospérité des Africains par rapport à la moyenne mondiale qui est estimée à un PIB/ht de 13 138 USD en 2023.

Le tableau 33 nous donne une idée de l'évolution de la prospérité par habitant au Sénégal entre 1960 et 2024.

Tableau 33 : **Évolution du PIB par habitant au Sénégal de 1960 à 2023**

Année	PIB par habitant (US dollars)
1960	300,42
1965	314,32
1970	290,48
1975	547,39
1980	771,53
1985	571,42
1990	957,31
1995	714,99
2000	603,23
2005	979,84
2010	1 275,88
2015	1218
2020	1 461,08
2021	1 598,10
2022	1 564,74
2023	1 706,44

Source : Banque mondiale (WDI, 2023)

Tableau 34 : **Niveau du PIB selon les Présidents**

Période	Président	Moyenne du PIB par habitant (Us dollars)
1960 – 1980	LEOPOLD S. SENGHOR	**386,52**
1980 – 2000	ABDOU DIOUF	**747,11**
2000 – 2012	ABDOULAYE WADE	**1 015,82**
2012 – 2023	MACKY SALL	**1 430,08**

Source : Calcul à partir des données

Graphique 35 : **Évolution du PIB par habitant au Sénégal de 1960 à 2023**

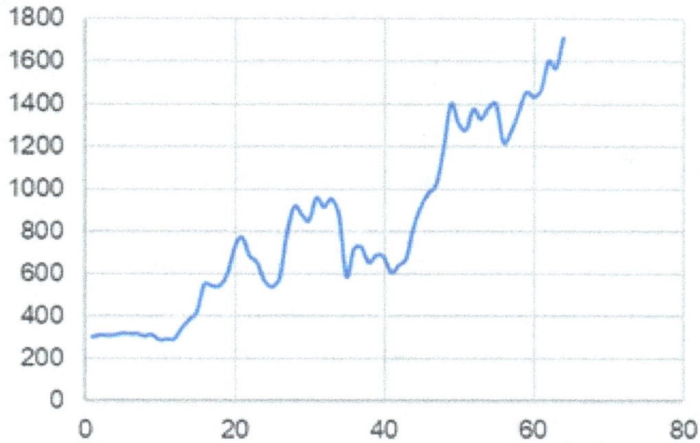

Graphique 36 : **Niveau moyen du PIB par habitant selon les mandatures présidentielles**

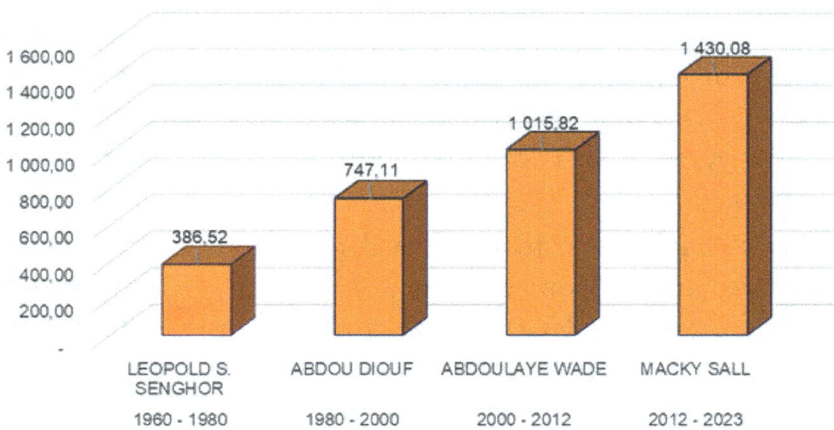

Conclusion

Dans ce premier chapitre, nous avons mis en exergue la problématique de la pauvreté intergénérationnelle, en analysant les instruments macro-économiques qui la confirment et qui permettent d'apprécier la position de l'Afrique par rapport au reste du monde.

La pathologie africaine est bien là, comme une plaie visible, entretenue par une conjonction de facteurs qui soulignent les tares du continent : des guerres, l'immigration clandestine, le déficit d'infrastructures scolaires, sanitaires, le déficit en eau potable, l'accès à l'énergie (600 millions d'africains n'y ont pas d'accès), la dislocation de nos micro-États, la mal gouvernance, les coups d'État militaires, entre autres.

Les deux questions centrales auxquelles il faut essayer de répondre sont simples : pourquoi, avec autant de richesses, le continent africain continue-t-il à sombrer dans la pauvreté ? Nos dirigeants sont-ils conscients et sensibles à la situation de l'Afrique ?

Les indicateurs universels de performance macro-économiques tels que l'Indice de Développent Humain (IDH) et le Produit Intérieur Brut par Habitant (PIB/HBT) que nous avons utilisés comme outils de mesure ont mis en exergue la position de l'Afrique dans le monde. Au regard de cette réalité, nous avons essayé d'analyser les limites du PIB qui continue d'être l'instrument privilégié d'indicateur de performance macro-économique de nos États mais dont la fiabilité reste à prouver puisqu'il ne permet pas de capter toute la richesse de nos pays.

Par exemple, le secteur informel représente des caractéristiques communes pour tous les pays africains, et est un défi très important à relever. Plusieurs définitions existent dont celles de l'Organisation Internationale du Travail (OIT), de la Conférence Internationale des Statisticiens du Travail (CIST) et de la Commission Européenne, entre autres. La synthèse de ces définitions nous permet de caractériser l'informel, dans un contexte africain, comme un sous-ensemble des secteurs des ménages dont les activités échappent à la comptabilité nationale, bien qu'il soit défini à l'intérieur de la frontière de production. Le secteur informel représente plus de 60 % du PIB de nos économies, et n'est pas pris en compte. Il est tenu par

93 % de notre jeunesse et, sur le plan sociologique, constitue un important régulateur social.

Nous avons aussi abordé les problématiques liées aux instruments de mesure de la pauvreté, dont les définitions sont protéiformes, polysémiques et même polyformes et ne font pas consensus au niveau des instituts statistiques. C'est pourquoi, nous considérons que celle qui est la plus acceptable, en ce qu'elle prend en compte les réalités africaines, est la pauvreté multidimensionnelle théorisée par la Banque Mondiale.

Les niveaux de croissance souvent exhibés par nos États, validés par les institutions internationales, posent problèmes. Le paradoxe est flagrand en milieu rural où l'environnement devient de plus en plus difficile à cause du changement climatique. Les repas sont rares et frugaux, les enfants parcourent des kilomètres pour aller à l'école dans des abris provisoires, les femmes continuent de parcourir des kilomètres pour aller chercher de l'eau, qu'elles transportent dans des bidons sur leurs têtes avec des bébés à califourchon, ou sur des ânes. Les populations accèdent difficilement aux soins de santé, à l'électricité. Certaines pistes de production et routes sont dégradées et impraticables en période d'hivernage. L'agriculture ne nourrit plus le paysan et sa famille. Les espoirs d'atteindre l'autosuffisance alimentaire s'amenuisent face à une nature carnivore qui inonde, qui se dérègle, se réchauffe, qui fait avancer le désert, déstructure la biodiversité et l'écosystème planétaires.

C'est pourquoi, nous avons voulu relancer le débat sur la croissance et le modèle qui devrait convenir pour l'Afrique qui, des indépendances à nos jours, cherche sa voie.

Cette réflexion ne se limite pas à des constats amers. Il faut reconnaître les efforts encourageants de certains dirigeants dans certains pays, et qu'il faut saluer. Mais, ce qui reste à faire est encore beaucoup plus important. Il faut un nouveau départ pour le continent.

Le premier pari à gagner est celui de la compréhension collective du fondement des limites dans les politiques économiques et sociales africaines, qui doit cultiver une conscience morale et patriotique, capable de mobiliser les Africains autour de nouvelles priorités afin de bâtir un meilleur futur pour le continent.

Les crises se sont succédé et ont mis à nu nos faiblesses.

On peut s'interroger sur l'homogénéité du périmètre du concept de crise. En effet, il est possible d'analyser ses significations, larges et complexes, suivant ses multiples étymologies, qu'elles soient grecque, asiatique ou africaine. En outre, ce mot ne peut être circonscrit au seul champ économique. La pandémie de la Covid-19, que nous avons vécue à l'échelle planétaire, a confirmé qu'une crise n'est pas un simple moment de tension, elle peut être aussi révélatrice de failles et de faiblesses multiples. Vu sous cet angle, on peut retenir de la crise une définition simple : une explosion aiguë d'un état morbide antérieur. Cette définition prend en compte la typologie des crises de 1929, 1974, qui se sont succédé et celle de 2007, avec leurs conséquences sur le plan économique, financier et sociétal. Elles ressemblent aux crises que ressentent les asthmatiques qui étouffent subitement en pleine nuit : la crise est maîtrisée, mais la maladie n'est pas éradiquée. Les crises doivent toujours servir à une recomposition des corps qu'elles détruisent. En effet, à quelque chose malheur est bon. Les dirigeants africains devraient pouvoir tirer de ces épreuves des leçons salutaires. Cette pandémie inédite, à travers ses leçons, devrait offrir à nos dirigeants une prise de conscience collective et la mise en œuvre de nouvelles perspectives de vision stratégique, avec des politiques économiques et sociales plus adaptées, pour plus d'indépendance et de liberté pour notre continent.

On ne peut pas assoir le développement d'une nation à partir des rentes hasardeuses des matières premières et de l'aide exterieure. L'Afrique doit nourrir les Africains ; et les décideurs africains doivent mettre en place une stratégie efficiente du système économique et social pour arriver à une croissance durable, mais également inclusive et équitable. Les priorités africaines, pour une croissance inclusive et durable, devraient être considérées sur le plan individuel et collectif, en tirant les leçons des apprentissages des crises que nous avons traversées.

Il s'agit d'une question de dignité, de souveraineté et de volonté politique qui doit se fonder sur l'amour de sa patrie et du continent. L'équation est pourtant simple : comment sortir le paysan, l'éleveur et le pêcheur africains de la pauvreté, et le mettre en situation de nourrir l'Afrique ?

Au 18e siècle, l'idée que l'on peut évaluer la fortune de l'État si l'on ne comprend pas ce qui fait la richesse réelle d'un pays trouve son expression la plus aboutie dans la formule de François Quesnay (1694-1774) : « Pauvres Paysans, Pauvre Royaume, Pauvre Royaume, Pauvre Roi ».

Rousseau (1712-1778) dans sa pensée du *Contrat social*, estimait au 18e siècle qu'il fallait réaliser un juste équilibre entre le bien et le droit, tout en faisant l'apologie de l'agriculture parce qu'elle rend libre et du monde rural parce qu'il est simple et naturel.

Évidemment, la logique de Rostow avec son cinquième pilier favorise l'industrialisation. Enfin le prix Nobel en économie de 1993, Robert Fogel a démontré sur la base d'observations empiriques que, depuis 1700, le taux de mortalité dans les pays industrialisés a diminué d'une manière exponentielle et a favorisé, dans le même temps, un essor économique appréciable.

L'hypothèse de base de Fogel apporte des pistes de réflexions fructueuses et devrait constituer, pour les dirigeants africains, une base essentielle pour la prise de décision politique et de choix prioritaires en matière de politique agricole. Dans la logique du prix Nobel, la simultanéité des progrès techniques et physiologiques aurait entraîné une spirale positive entre les aspects « thermodynamiques » et « physiologiques » de la croissance économique. Ainsi, le choc exogène technologique dans le secteur agricole permet une hausse de la production alimentaire et favorise l'augmentation de la capacité de production humaine. Ce choc technologique combiné à un effet thermodynamique génère une baisse de la malnutrition et donc une faible prévalence des maladies chroniques, une hausse des niveaux d'éducation et de formation et une amélioration de la santé publique. Par ricochet, la conjonction de ces facteurs influence positivement la productivité dans le travail. Dès lors, il faut comprendre que les facteurs explicatifs de la baisse notable de la mortalité, à partir de 1870, sont liés aux progrès du secteur agricole qui influencent fortement les facteurs nutritionnels en quantité et en qualité. Au niveau individuel et collectif, nos pays africains devraient donner une priorité absolue à l'agriculture pour être plus libre, en réduisant notre dépendance vis-à-vis de l'extérieur, et réaliser aussi notre souveraineté alimentaire. Au-delà de ces aspects, nous avons abordé les problématiques de l'endettement en Afrique, la faiblesse des ressources allouées à certains secteurs comme l'éducation, la santé entre autres, en comparaison avec ce qui se fait dans d'autres pays. À titre d'exemple, nous avons analysé l'évolution des dépenses publiques au Sénégal, son impact sur la démographie entre 1960 et 2024. L'investissement moyen par habitant sur la période considérée démontre que : Léopold Sédar Senghor a alloué en termes d'investissements, 3 085,76 FCFA à chaque Sénégalais, Abdou Diouf, 4 528,06 FCFA, Abdoulaye Wade, 39 376,4 et Macky Sall, 76 647,6 FCFA.

L'analyse de la corrélation entre impact des politiques publiques au Sénégal, population jeune et changement de pouvoir a donné des résultats très significatifs et confirme notre hypothèse sur les cycles à travers les scores électoraux par parti politique. Nos résultats démontrent le rôle important de la jeunesse dans les changements des différents pouvoirs de 1960 à 2024.

Au moment où ces lignes sont écrites, Donald Trump a retrouvé le pouvoir aux États-Unis. Dans la panoplie des mesures qu'il a brandie, nous pouvons noter la suppression de l'aide extérieure et le renvoi des immigrés chez eux. La panique ressentie dans certaines institutions internationales, et particulièrement au niveau des pays africains, dont plusieurs de leurs programmes de développement sont fondamentalement liés à l'aide américaine, a encore démontré le niveau de dépendance de nos économies vis-à-vis de l'extérieur.

L'Afrique a les moyens et le potentiel pour aller au-delà de cette pauvreté et de cette dépendance.

Afin d'éradiquer ces maux du continent, ses leaders doivent être conscients des richesses, de l'intelligence de ses filles et de ses fils pour créer les ruptures nécessaires qui lui permettront de figurer parmi les locomotives économiques du monde.

Dans le second chapitre de notre ouvrage, nous allons aborder des pistes de solutions que nous pensons appropriées, et que nous considérons comme un prix à payer pour plus de dignité et de liberté.

Chapitre 2

1. Impératif d'isoler les effets négatifs des chocs exogènes

La vulnérabilité de l'Afrique se situe, sans aucun doute, dans sa dépendance vis-à-vis de l'extérieur, qui la fige dans une position de wagon et non de locomotive, même si elle a toujours alimenté la croissance et le développement des pays occidentaux. Cette dépendance se manifeste dans plusieurs domaines, notamment l'inflation importée qui affecte le panier de la ménagère, accroît la pauvreté, renchérit la dette extérieure, les produits subventionnés qui tuent notre agriculture et nos perspectives d'industrialisation, la faible renumération de nos matières premières, le coût d'accès aux ressources financières, l'accès à l'énergie, la dépendance en soins de santé, dans le domaine pharmaceutique et alimentaire, entre autres défis que l'Afrique doit relever pour hisser les générations actuelles et futures dans de meilleures conditions de vie.

Certaines thématiques développées dans ce chapitre des perspectives ont été largement discutées au sein du Cercle des Économistes Français et à l'OCDE, à travers un comité d'experts que j'ai eu l'honneur de présider pour réfléchir sur les urgences africaines. Les instruments appropriés que nous avions retenus, en dehors de la nécessité d'une grande réforme du secteur bancaire et de la monnaie, portaient respectivement sur : le Mécanisme Africain de Stabilité Financière, un Système de Garantie pour l'accès aux financements aux PME, l'Agence de notation financière, la mutualisation des places financières, une Stratégie de relance des économies africaines, entre autres idées novatrices.

2. Mécanisme Africain de Stabilité Financière

Il vise fondamentalement à réduire la vulnérabilité des économies africaines face aux incertitudes auxquelles elles sont soumises et qui représentent un frein majeur au développement des investissements et de la croissance inclusive. La mise en place d'un Mécanisme Africain de Stabilité financière (MASF) largement doté est le levier essentiel pour y parvenir. Sa mission sera d'assurer la stabilité financière en Afrique, ce qui implique de remplir trois objectifs précis. Le premier est d'obtenir des taux d'intérêts concessionnels lorsque les pays font face à un assèchement des financements du fait des taux d'intérêts trop élevés qui leur sont appliqués. Il est temps en effet de mettre en place des instruments appropriés pour renverser la tendance des crises et se projeter sur des modèles de croissance aptes à assurer l'emploi des jeunes, l'autonomisation des femmes et la lutte contre les inégalités.

Le deuxième objectif sera de soutenir les pays africains face à des crises bancaires systémiques. Ce soutien du MASF pourrait se faire par une assistance vers les États concernés, ou directement en direction des acteurs du système bancaire affecté. Enfin, le troisième objectif sera de soulager les tensions dans les pays victimes d'attaques spéculatives, afin de rétablir la confiance des investisseurs quant à la capacité des pays membres à résister à ce type d'attaques. Ces trois objectifs sont essentiels et doivent constituer le fondement du MASF, tout en laissant une marge de manœuvre pour les adaptations régionales, du moins le temps qu'il soit agrégé à l'échelle africaine. Le MASF doit pouvoir prendre en compte les mécanismes de remboursement des dettes des pays membres de l'Union Africaine, avec des outils de rachat de titre à l'image du *quantitative easing* (assouplissement quantitatif).

Pour mettre en place ce MASF, il sera essentiel de mobiliser les liens économiques, commerciaux et sociétaux au niveau régional dans une démarche « Bottom-Up » agrégative. Cela permettra *in fine* d'ériger progressivement une structure stable et robuste à l'échelle continentale, qui sera adaptée aux spécificités régionales, le temps de transiter vers un mécanisme unifié. En conséquence, le MASF devra être d'abord développé à partir et en partenariat avec les organisations économiques régionales existantes, comme la CAE (Communauté d'Afrique de l'Est), la CEDEAO (Communauté économique des États d'Afrique de l'Ouest), la CEEAC (Communauté économique des États de l'Afrique Centrale), la CEMAC (Communauté économique et monétaire de l'Afrique Centrale), la Sen-Sad (Communauté des États Sahélo-Sahéliens), le COMESA (Marché Commun de l'Afrique Orientale et Australe), l'UEMOA (Union économique et monétaire Ouest-Africain), l'UMA (Union du Maghreb arabe). Une fois l'agrégation et l'association de ces entités, de leurs objectifs et de leurs cahiers des charges, il sera possible de les intégrer en une seule entité continentale à l'horizon 2030, solidement articulée dans l'agenda 2063 de l'Union Africaine.

En termes de dotations factorielles, nous avions estimé un montant initial de 200 milliards d'euros, financés pour un quart par les pays membres de l'Union Africaine et une redistribution des Droits de Tirage Spéciaux (DTS) des pays de l'Organisation de Coopération et de Développement Économique (OCDE) vers le continent. Pour garantir la stabilité financière du continent, nous avions pensé que le montant à allouer aux MASF devrait être estimé par rapport au poids économique du continent et des pays africains, mais aussi par rapport aux risques qui pèsent sur ces économies.

Si l'on se base sur l'experience de la zone euro, les fonds du Mécanisme Européen de Stabilité représentaient 7 % du PIB de ses États membres lors de sa création.

En 2022, le FMI avait estimé le PIB des pays de l'Union Africaine à près de 2 400 milliards d'euros. Nous avions donc considéré qu'il fallait doter le MASF d'au moins 170 milliards d'euros, auxquels il sera nécessaire d'ajouter 30 milliards d'euros pour compenser les risques qui pèsent sur les économies africaines, qui sont à la fois importants, divers et géographiquement plus diffus. Cela nous mènera à une dotation initiale à 200 milliards d'euros pour ce mécanisme. Afin que les pays africains puissent se l'approprier, nous avons considéré que ce financement ne devrait pas uniquement provenir des pays membres de l'OCDE. Dans ce cadre, une contribution locale à hauteur d'un quart des fonds devrait provenir des pays membres de l'Union Africaine. De ces 50 milliards d'euros, les 40 milliards devraient provenir d'une allocation directe des DTS en faveur des pays africains, spécifiquement pour le Mécanisme Africain de Stabilité Financière. Les pays membres de l'Union Africaine devraient apporter collectivement les 10 milliards d'euros supplémentaires. Pour le reliquat des 150 milliards d'euros, il devrait provenir de la redistribution des DTS des pays de l'OCDE vers les pays africains. À la suite du sommet du G20 de Rome d'octobre 2021, et dans la continuité du sommet de Paris sur le financement des économies africaines en mai 2021, près de 120 milliards d'euros de DTS devaient être orientés vers les pays africains et nous avons considéré qu'ils pourraient être destinés à ce mécanisme. Enfin, l'ultime financement des 30 milliards d'euros pourrait provenir de la mobilisation de plusieurs entités, comme la Banque Africaine de Développement, la Banque Européenne d'Investissements et les bailleurs internationaux. Ces institutions pourraient normalement en rapport à leurs engagements pour ce programme, apporter ces financements directement en fonds propres ou, indirectement, par des garanties publiques.

Faute de portage et d'engagement volontaire, particulièrement du côté africain, cette proposition était restée lettre morte.

3. Dispositif de garantie de rehaussement de crédit (ou monoline)

La création d'un tel dispositif de rehaussement du crédit pour le secteur privé africain devrait accompagner les besoins d'investissements du continent. Ce dispositif devrait se réaliser sous forme d'établissement financier qui apporterait sa garantie à des émetteurs d'emprunts sur les marchés financiers. Dans ce type de dispositif, il est d'usage de garantir 10 % à 35 % des prêts afin d'éviter de s'exposer de manière trop importante sur un emprunt. En ce sens, les 50 milliards d'euros qui seraient mobilisés à travers ce dispositif permettraient de garantir 23 % des 218 milliards d'euros des besoins de financement jusqu'en 2025, selon l'estimation du FMI, soit environ 11 % du marché obligataire africain actuel, estimé à 463,3 milliards d'euros par l'indice des marchés financiers africain de l'ASBA (Absa Africa Financial Market Index). Il devra être directement lié au Fonds Africain de Développement de la BAD, et réunira également les bailleurs internationaux institutionnels et privés. Un tel dispositif aurait pour incidence de faire baisser les taux d'intérêts de points supplémentaires importants et chaque État africain serait garant du dispositif, à hauteur de sa quote-part dans celui-ci.

4. Agence de Notation Financière Panafricaine

La perception du risque liée aux investissements en Afrique semble encore largement surestimée au regard de la réalité des projets menés. Les taux d'intérêts qui reflètent ces biais de perception doivent retrouver un niveau plus proche de la réalité, de l'ordre de 4 points en deçà de leur valeur actuelle. Pour cela, il faut absolument améliorer la qualité des signaux envoyés aux investisseurs, avec la création d'une Agence de Notation Panafricaine, redonner confiance dans les projets menés, avec le dispositif de rehaussement de crédits dont je viens de parler, et faciliter les investissements en accompagnant l'émergence de places financières.

Nous avons jugé que le développement d'une Agence de Notation Panafricaine était essentiel afin d'optimiser les signaux envoyés aux investisseurs en Afrique. Les principaux acteurs et critères de notations existants pénalisent l'Afrique à plus d'un titre, et c'est ce que met en évidence la classification des risques pays des membres de l'OCDE.

La nouvelle Agence de Notation Panafricaine n'aura pas vocation de concurrencer celles qui existent déjà. Elle aura une vocation de mobiliser des critères financiers et extra-financiers adaptés et différenciés, tout en réunissant l'ensemble des principaux acteurs des marchés impliqués dans le secteur de notation du continent. Pour une notation efficace, de nombreux critères devraient être pris en considération, par exemple la force et la stabilité de l'économie réelle, le climat des affaires, la capacité de remboursement de la dette des États et des entreprises, la qualité de la structure financière, la gouvernance et le système politique, le niveau d'intégration régionale ou encore l'impact social et climatique. Cette Agence pourrait ainsi permettre de baisser naturellement les taux d'intérêts d'une manière significative dans l'horizon d'un délai court.

Nous avons, à cet effet, initié de nombreuses démarches à travers des séminaires de très haut niveau en relation avec le Centre de Développement de l'OCDE. Le principe opérationnel devait consister à réunir dans le conseil d'administration de l'Agence de Notation Panafricaine, les agences de notation africaines : Bloomfield Investment, Agusto & Co, GCRC et WARA, les banques régionales, la Banque africaine de développement BAD, les agences de notation classiques (Standard&Poor's, Moody's et Fitch Ratings), l'OCDE, le Fonds Monétaire International, la Banque Mondiale, la BAD et d'autres institutions financières africaines.

Faute de portage, ce projet, qui avait pourtant intéressé toutes les parties prenantes avec qui nous avions discuté, n'avait pu voir le jour.

5. Mutualisation des places financières

Il serait envisageable comme innovation financière de faire émerger une fédération de places financières internationales en Afrique, par une stratégie de co-listing des grandes entreprises africaines dans les marchés développés et sur des nouveaux hubs financiers, ainsi que par un développement mieux séquencé.

Le co-listing des grandes entreprises africaines permettra de limiter la dépendance des grandes entreprises continentales par rapport aux marchés des pays développés, et favorisera une plus grande liquidité et valorisation des nouvelles places financières africaines. Pour la mise en œuvre de cette innovation, ces nouvelles places devront se développer en plusieurs séquences, à savoir, établir la présence préalable d'institutions de régulation et de place, ainsi que les contreparties demandées par les investisseurs institutionnels, puis développer un marché obligataire public, un marché privé, un marché action et enfin un marché des dérivés et des matières premières. L'objectif est d'établir un cadre législatif et opérationnel pour permettre aux places de ce réseau des rapprochements, qui créeront des économies d'échelle et un effet d'entrainement mutuel.

Cela permettra à moyen terme, d'identifier et fédérer les places régionales qui composeront le réseau des places financières internationales Africaines, comme Casablanca, Le Caire-Alexandrie, Kigali, Kampala, Addis-Abeba, Dakar-Abidjan, Lomé, Accra, Lagos ou encore Johannesburg, et y attirer les grandes entreprises africaines cotées hors du continent.

6. Stratégie de relance et perspective d'industrialisation

Nous avons jugé nécessaire, par ailleurs, la création d'une plateforme de dialogue entre pays membres de l'Union Africaine et les partenaires techniques et financiers internationaux, dans le cadre d'une stratégie de relance et de développement pour une meilleure coordination de la prise en charge des priorités africaines. Cette stratégie devrait émaner d'une impulsion intercontinentale, décidée par les États africains et devrait être essentiellement orientée vers la réalisation de projets liés aux urgences africaines, les infrastructures, la transition énergétique, le numérique, la souveraineté alimentaire, entre autres. Par exemple, les besoins d'investissements directs dans le domaine des infrastructures sont importants et estimés à plus de 250 milliards d'euros pour l'accès à l'énergie et 41,6 milliards d'euros pour l'assainissement et l'eau potable d'ici 2030 selon la Banque Mondiale. En outre, l'intégration du numérique à tous les niveaux de l'économie est une urgence. Aujourd'hui, plus de 500 entreprises africaines proposent des innovations technologiques dans les services financiers, et quelque 640 pôles technologiques sont opérationnels sur l'ensemble du continent. Toutefois, moins de 31 % des entreprises sont aujourd'hui numérisées sur le continent. Le Mécanisme africain d'évaluation par les pairs (MAEP) devrait s'orienter vers une dynamique d'évaluation des stratégies de développement existantes sur les politiques économiques pour une réactualisation de l'Agenda 2063, et une meilleure articulation des priorités africaines. L'idée repose sur le principe d'une nécessaire coordination entre les pays membres de l'Union Africaine et les partenaires techniques et financiers de l'Afrique en matière d'investissement vers les secteurs essentiels. Les flux financiers intercontinentaux et à destination de l'Afrique doivent être orientés vers les secteurs prioritaires, tels le développement des infrastructures, l'accès à l'eau, l'agriculture, l'énergie, la formation professionnelle et la diffusion du numérique entre autres, afin de créer une croissance plus incisive et durable, en cohérence des défis de la pauvreté multidimensionnelle à relever. Nous avons préconisé la création d'un observatoire des investissements au sein de l'Union Africaine, pour suivre et analyser ces progrès et mettre à jour chaque année le bilan des partenariats, afin de présenter un rapport à l'échelle continentale.

L'industrialisation de l'activité économique africaine devrait passer par l'intégration des chaînes de valeur à tous les niveaux permis par l'émergence des zones économiques spéciales, le développement des petites et moyennes entreprises (PMI), l'inclusion des femmes et la valorisation locale des matières premières. Pour renforcer la dynamique positive dans le commerce et l'entreprenariat africain, le développement d'une nouvelle génération de zones économiques spéciales est essentiel. L'Union Africaine, à travers son agence de développement, devrait renforcer les 200 zones économiques spéciales déjà existantes sur le continent pour valoriser les territoires et les chaînes de valeur à haut potentiel. La cotation sur les marchés financiers des entreprises qui vont s'y implanter devrait aussi être favorisée pour attirer davantage d'investissements en promouvant la spécialisation et les avantages comparatifs. Il serait aussi important de revoir l'approche de la fiscalité sur la consommation, des salaires versés et de régler la circulation des marchandises des zones économiques spéciales vers d'autres parties du territoire. Cette stratégie d'industrialisation devra fondamentalement passer par les petites et moyennes industries (PMI). Ces dernières sont isolées car les zones économiques spéciales opèrent avec les grands groupes de grandes et moyennes entreprises. Une petite entreprise ne peut pas intégrer verticalement le processus productif et racheter une grande partie des produits intermédiaires ou complémentaires à des entreprises voisines. Afin de promouvoir la transformation de simples agglomérations de petites entreprises traditionnelles, souvent informelles, en système de petites entreprises spécialisées, il faudra créer des services pour accompagner l'entreprenariat local dans la gestion et l'adoption des produits, l'analyse des tendances du marché ou la gestion administrative. Une cartographie des agglomérations existantes de PMI doit être réalisée, ainsi qu'une analyse comparative des politiques de soutien à l'entreprenariat des jeunes et des femmes déjà en œuvre. 50 zones reparties dans le territoire africain devraient être sélectionnées pour mener des expérimentations coordonnées et construire une politique pour le développement d'entreprises, qu'elles soient formelles ou informelles. Il serait aussi nécessaire d'augmenter les taux de valorisation des matières premières, qui avoisinent actuellement 10 % sur le continent, pour favoriser l'appropriation des ressources et des richesses par le tissu économique local. Porter ce taux de valorisation à 40 % permettrait de réduire les coûts de produits de consommation courante et de rendre compétitives les entreprises africaines dans le commerce extérieur, le continent africain pesant moins de 3 % du commerce mondial.

Enfin, pour aboutir à une croissance inclusive et durable, il sera nécessaire de promouvoir le rôle des femmes dont 24 % sont des entrepreneures dans l'économie réelle et de favoriser leur autonomisation. Cela passera par un soutien financier spécifique et l'ensemble de ces initiatives devrait être mené au sein de l'Union Africaine, en adéquation avec le développement de la ZLECAF (Zone de Libre-Échange Continentale Africaine).

Ces grandes initiatives devraient être intégrées dans l'agenda 2063, et particulièrement axées vers la transformation productive, qui est par définition un processus d'accumulation des apprentissages cognitifs et comportementaux, et des cycles d'innovations qui doivent être diffusés dans des chaînes de valeur spécifiques, en vue d'acquérir, de maintenir et de développer des parts de marché. La transformation productive pourrait permettre une meilleure valorisation du potentiel africain dans une logique de diversification, corrélée à une forte valeur ajoutée soutenue par une maîtrise de l'innovation technologique. Elle peut, par conséquent, aider les économies africaines à migrer vers des chaînes de valeur intégrées qui prendraient en compte les besoins de nos populations par zone géographique. Ainsi, la ZLECAF devrait permettre de multiplier par trois l'amplitude du commerce intra-africain, tout en maintenant ses objectifs de conquérir les marchés mondiaux.

7. Le Consensus de Dakar

Le concept est né d'un pari. Il était urgent d'ouvrir un débat de très haut niveau sur la problématique de la dette africaine et d'identifier des pistes de solutions adaptées pour l'Afrique.

Dans les thématiques que nous abordions, les Professeurs Jean-Hervé Lorenzi, Christian de Boissieu et moi-même, sur les questions africaines, la question de la dette revenait inlassablement. Le chapitre premier a été l'occasion de revenir sur ce débat doctrinal de la dette en éclaircissant les postulats de l'école keynésienne et la logique d'Harrod et Domar. Je milite en faveur de ce courant de pensée de l'endettement, qui rend possibles de nouveaux investissements importants et qui n'entraînent pas de coûts pour les générations actuelles et futures, bien au contraire. Elles en bénéficient à travers les lègues et des retombées positives en découlent. Le principe repose sur un déficit budgétaire maîtrisé qui devient un facteur de relance et de croissance économique. Il stimule la demande et la consommation globale qui favorisent un effet multiplicateur, apte à soutenir une croissance inclusive et durable. Le plein emploi peut être réalisé avec la production qui repart et qui permet de lutter contre la pauvreté. Il faut en conséquence, suivant ce principe, toujours créer un déficit budgétaire et le financer par l'emprunt extérieur. Les classiques qui sont contre l'endettement public le considèrent comme un report d'impôts sur les générations futures qui donne concomitamment au souverain la possibilité de faire des dépenses inutiles.

Ma conviction est que le nœud du problème se trouve dans l'utilisation idoine de la dette et de son adéquation avec les programmes qu'elle finance.

Le Professeur Jean-Hervé Lorenzi, Président et Fondateur du Cercle des Économistes Français, avait fini par organiser une session spéciale sur le sujet durant les rencontres d'Aix-en-Provence de 2019, « **La Session 15 : Faut-il s'endetter pour mieux s'enrichir ?** ».

La session était animée par des cinq étoiles, pour reprendre les mots de Marc Landré, éditeur en chef au Figaro, coordonnée par Catherine Lubochinsky, Professeur d'économie, avec comme intervenants : Bruno Angles, Chef exécutif France-Belgique du Crédit Suisse, Henrik Enderlein, Président et

Professeur Hertie School of Governance, Odile BASSO, Directeur général du Trésor Français, et moi-même.

Le débat était passionnant et orienté vers l'endettement des ménages, des entreprises et des États. La finalité fut unanime : la dette est une nécessité et tout dépend des conditions et de l'usage que l'on en fait. Ces principes sont valables aussi bien pour les États, les ménages et les entreprises. Pour les États, s'endetter permet d'alléger la contrainte budgétaire intertemporelle et permet de recourir à l'effet de levier dès que la rentabilité est supérieure au coût du capital. Cependant, les crises de 2008 et de 2011 ont démontré qu'un endettement excessif peut déstabiliser tout un système économique et avoir des répercussions négatives sur de nombreux pays, comme en Afrique et en Grèce. La question centrale est alors : comment déterminer le moment où l'endettement devient excessif? Pour les pays, quelle est la soutenabilité des taux d'endettement? La pression financière qui accompagne la dette peut-elle brider la croissance? Que faire face à l'impact de la remontée des taux d'intérêt qui représente un facteur supplémentaire d'instabilité et une perte de souveraineté, en particulier pour les économies africaines?

J'ai eu le privilège d'aborder cette question avec Madame Christine Lagarde, alors Directrice générale du Fonds Monétaire International (FMI), et je lui avais proposé d'organiser une conférence sur la dette, à Dakar, avec le Cercle des Économistes Français. Mme Lagarde, intellectuelle de très haut niveau, à l'esprit vif et ouvert, m'avait immédiatement donné son accord. Mon premier réflexe fut d'envoyer un message au Président Macky Sall pour avoir son avis quant à l'organisation de cette conférence, et ce dernier m'avait répondu positivement. C'est dans ces conditions que Jean-Hervé et moi nous étions engagés pour la réussite de cet événement. Quelques semaines après, Mme Lagarde fut nommée Gouverneure de la Banque Centrale Européenne (BCE). Cette nouvelle donne n'avait rien changé sur le principe et sur son engagement d'organiser cette conférence à Dakar avec le FMI. Avec son appui,

Mme Kristalina Georgieva, toute nouvelle Directrice générale du FMI, avait consacré son premier voyage à l'Afrique, notamment à Dakar, pour cette conférence qui avait eu lieu le 02 décembre 2019, sous le thème « **Développement durable et dette viable, trouver le juste équilibre** ».

Conjointement organisée par le FMI et le Sénégal, en partenariat avec l'ONU et le Cercle des Économistes Français et sous ma coordination, cette conférence avait fait intervenir de nombreuses parties prenantes et sommités de niveau mondial. Elle fut l'occasion de mettre en évidence les obstacles au développement durable et les lacunes à combler, et de proposer des pistes de solutions pour y remédier. Il s'était agi pour les participants de répondre aux questions suivantes :

– Que peuvent faire les autorités nationales pour accroître les recettes intérieures, rendre leurs dépenses intérieures plus efficientes et améliorer la gestion de la dette ?
– Les partenaires pour le développement peuvent-ils trouver des ressources permettant de relancer l'aide au développement et de financer les besoins de développement ?
– Comment les emprunteurs et les créanciers peuvent-ils accroître la transparence de la dette et développer de nouveaux modes de financements privés ?

Le contexte était un peu particulier, puisque l'Afrique subsaharienne faisait face à un dilemme : financer ses besoins de développement pour remédier à sa vulnérabilité liée à la dette. Certes, certains pays de la région avaient réalisé des progrès importants durant les deux dernières décennies, mais leurs besoins de développement restaient très importants. La diminution de la moitié de l'aide publique au développement avait accentué les difficultés de financement, rendant difficile la réalisation des objectifs de développement durable à l'horizon 2030. Il fallait un financement supplémentaire d'environ 20 % du PIB chaque année, alors que le niveau d'endettement public était déjà très élevé. Huit chefs d'État africains étaient présents, les Nations Unies étaient représentées par Mme Amina

Mohammed, Vice-Secrétaire générale. Le Vice-Président de la Banque Mondiale pour l'Afrique, Monsieur Hafez Ghanem, toutes les institutions financières, la majeure partie des pays membres du FMI et des Nations Unies étaient présents.

La conférence était organisée en six tables rondes avec des thématiques variées, orientées vers le financement des urgences africaines, la rentabilisation des investissements publics, le renforcement des partenariats, le renforcement des investissements privés et nationaux, et la mise en œuvre de ce financement plus adapté aux besoins.

La profondeur des débats et la sincérité dans les analyses avaient donné satisfaction à toutes les parties prenantes. Pour une fois les urgences africaines avaient été débattues en présence de leaders africains, contrairement à certaines conférences durant lesquelles des décisions relatives à l'avenir de l'Afrique avaient été prises en l'absence des Africains.

En effet, les programmes d'ajustement structurels, symboles du néolibéralisme, nés des « dix commandements du consensus de Washington » ont été conçus et imposés aux pays africains, sans aucune concertation préalable, et en leur absence. L'histoire a retenu que la mise en œuvre du consensus de Washington n'a pas fait avancer les économies africaines et la pauvreté a continué à maintenir son galop en Afrique subsaharienne.

Dès lors, la nécessité d'une adaptation des grands principes du consensus de Washington aux réalités africaines était une urgence, dans une logique de cohérence temporelle.

En tenant compte des interventions et positions respectives, sept points de convergence s'étaient dégagés :

1. la nécessité de renforcer la mobilisation des ressources internes, fiscales et l'épargne publique, pour financer le développement ;
2. l'impératif d'améliorer d'une manière continue la gouvernance des finances publiques et l'environnement des affaires ;

3. l'urgence de prendre en compte les contraintes liées à l'impact environnemental, notamment le changement climatique, et aux dépenses en matière de sécurité, face au choc terroriste ;
4. l'urgence des besoins d'investissements en Afrique, urgence et besoins qui constituent aussi autant d'opportunités pour relever la croissance économique à l'échelle mondiale. Chaque investissement qualitatif en Afrique peut avoir, en effet, un impact pour les pays concernés, mais également pour l'investisseur lui-même. Il est donc recommandé que les partenaires techniques et financiers, notamment l'OCDE, le FMI et la Banque Mondiale, tiennent compte de la valeur des actifs et des revenus potentiels, dans l'analyse de la viabilité de la dette de nos pays ;
5. la nécessité de réguler les méfaits de l'échange inégal, notamment la faible rémunération des matières premières et le déficit encore persistant dans la création des chaînes de valeur par la transformation locale des produits, ce qui pose *ipto facto* la question cruciale de l'industrialisation de l'Afrique ;
6. l'urgence de revoir le caractère très exagéré de la perception du risque en Afrique, ce qui a pour conséquence de renchérir la dette. D'où la nécessité d'une sensibilisation pour amener les institutions et organismes intervenants à une reformulation de cette perception, notamment l'OCDE, le FMI et la Banque Mondiale, afin qu'ils émettent des notations et avis plus objectifs, en tenant compté de la réalité des situations ;
7. la nécessité de poursuivre une collaboration féconde entre nos pays et les partenaires bilatéraux et multilatéraux, afin de trouver les bases d'une gouvernance financière mondiale plus équitable pour que l'Afrique, grâce à des investissements massifs, soit l'une des locomotives de la croissance mondiale.

La principale leçon tirée de cette conférence est que les institutions financières internationales et partenaires techniques et financiers comme le Fonds Monétaire International, la Banque Mondiale, l'OCDE, adhèrent sans restriction majeure aux innovations porteuses de progrès économiques, sociaux et environnementaux pour l'Afrique, si celles-ci sont pertinentes, rationnelles et transparentes.

Ce débat doit être remis au goût du jour et porté par les intellectuels, universitaires et institutions africaines pour que soient posés les grands postulats de la relance africaine.

À titre de rappel, le consensus de Washington est bâti sur 10 points, communément appelé les 10 commandements de Washington :

- discipline en matière de déficit public ;
- redéfinition des priorités en matière de dépenses publiques ;
- réforme fiscale (baisse des impôts) ;
- libéralisation des taux d'intérêts ;
- adoption des taux de change compétitifs ;
- libéralisation des échanges commerciaux ;
- libéralisation des investissements directs étrangers ;
- privatisation des entreprises publiques ;
- dérégulation des marchés et suppression des barrières douanières ;
- sécurisation des droits de propriété.

Ces 10 commandements sont la résultante d'une diatribe idéologique du néolibéralisme, basés sur les doctrines économiques des trois oracles : Shumpeter, Friedman et Hayek, leur objectif étant de mettre en œuvre des impératifs de mondialisation et de globalisation.

Ce modèle économique avait été testé chez le général Augusto Pinochet au Chili, par le Professeur Hayek et ses étudiants de l'université de Chicago, communément appelés Chicago Boys. Le Chili fut le laboratoire du néolibéralisme dont les grands principes furent diffusés dans le monde par Ronald Reagan, Président des États-Unis et Margaret Thatcher, Premier ministre de l'Angleterre. Il faut souligner qu'en général les Chicago Boys ont été recrutés par : le Fonds Monétaire International, la Banque Mondiale, l'OCDE et l'Organisation Mondiale du Commerce, grands acteurs de la mise en œuvre des impératifs du néolibéralisme.

8. Numérique et croissance économique, la perspective africaine

Avec le numérique, nous vivons une nouvelle révolution qui concerne toute la planète et, sans aucun doute, le monde passe d'une économie industrielle à une économie immatérielle et aucun pays n'échappe à ce phénomène.

Aujourd'hui, il est indispensable de disposer d'un parc informatique adapté et d'un bon système de télécommunication, pour assurer une croissance inclusive et durable, dans un monde interconnecté.

Le numérique est devenu un enjeu majeur de l'Est à l'Ouest, du Nord au Sud. Toute entreprise ou territoire qui ne s'arme pas de système numérique fiable risque de s'auto-exclure de l'activité mondiale. En effet, une absence de participation à la révolution numérique par le biais des technologies de l'information et particulièrement l'internet peut générer une marginalisation sur tous les plans. Car ces technologies représentent à la fois un secteur en croissance avec une très forte valeur ajoutée et un élément fondamental pour une compétitivité.

Selon les dernières estimations de l'Union internationale des télécommunications (UIT), l'internet est utilisé par plus de la moitié de la population mondiale. En termes de proportionnalité dans sa progression, le continent africain avance à pas de géant. En effet, dans notre continent, le pourcentage d'utilisateurs est passé de 2,1 % en 2006 à plus de 30 % en 2019 et l'objectif le plus important en 2025 pour la majeure partie des pays d'Afrique est d'accélérer la connectivité à haut débit pour être au diapason de cette économie numérique galopante. La portée de la pénétration de la téléphonie mobile et la dynamique du commerce en ligne, favorisée par la démographie africaine, est en train de révolutionner le commerce et, selon le cabinet McKinsey & Company, les revenus annuels générés par le e-commerce pourraient dépasser 75 milliards de USD en 2025. La naissance des start-ups et le développement d'applications adaptées aux réalités des économies continentales représentent d'autres indicateurs de cette timide révolution africaine du numérique.

Néanmoins, ces performances remarquables ne doivent pas occulter des situations très disparates où, dans certaines zones géographiques, les taux de pénétration d'internet sont relativement faibles. Les variations oscillent entre 20 % et plus de 60 % selon les pays. Par ailleurs, le continent souffre d'une faible connectivité de haut débit, avec moins de 30 % des populations qui y ont accès, contre 80 % aux USA.

Les technologies numériques ont introduit « une mutation génétique » disait le célèbre Directeur du Medialab du MIT, Nicholas Negroponte. Il avait parfaitement raison et sa prédiction se réalise de nos jours avec les multiples utilisations que l'on peut faire à partir du téléphone mobile. C'est un objet qui sert à téléphoner évidemment, mais grâce à l'amélioration de ses fonctionnalités, de son design, au développement de ses capacités de réseaux, il devient une sorte de couteau suisse qui permet l'envoi de texte, d'images, de données et de sons et favorise ainsi la croissance et le développement de multiples nouveaux services.

Si, depuis 1994, le numérique a progressé dans les économies du Nord en particulier grâce à l'internet, dans le sillage des ordinateurs et de l'informatique, dans les pays du Sud, le téléphone mobile relativement moins cher s'est imposé comme porte d'entrée au monde digital. Il rencontre un succès très particulier auprès de toutes les catégories de populations, en particulier auprès des jeunes. Dans la plupart des pays d'Afrique, le téléphone portable est devenu une mode que l'on retrouve dans les villages les plus reculés. Même les mendiants dans les rues possèdent des téléphones portables et acheter une carte téléphonique pour communiquer figure parmi leurs priorités au quotidien.

L'élévation à un niveau d'interconnexion sans précédent des populations africaines fait du numérique un accélérateur évident du développement. Le smartphone est devenu, en quelques années, le premier moyen de diffusion des informations, très loin devant la presse. Le nombre d'abonnés devance celui des internautes.

L'homme d'affaire chinois Jack Ma, qui est le géant mondial du e-commerce avec Alibaba dont le chiffre d'affaires dépasse les 100 milliards de USD, a la conviction que l'internet a le pouvoir de transformer l'Afrique et le Covid-19 vient de le confirmer si l'on analyse les multiples avantages qu'offre cet instrument. En effet, la technologie et l'innovation sont des éléments centraux pour libérer le vaste potentiel de croissance inclusive pouvant favoriser l'émergence du continent.

L'outil numérique est réellement un accélérateur de croissance inclusive et du développement pour plusieurs raisons.

Lionel Zinsou avait souligné, au cours de la conférence organisée en mars 2020 à l'OCDE, « les avantages de l'arriération ». Cette expression signifie que le retard des structures de production pour une transformation structurelle n'est pas un obstacle à la diversification des activités, pour peu que les facilités de communication soient employées à satisfaire certaines priorités comme l'agriculture, la pêche, les commerces alimentaires, les transports, les services postaux et financiers, l'éducation, la santé entres autres.

Le numérique aide également à la mobilisation des potentialités des diasporas africaines dans une logique de transfert d'expériences professionnelles, pour plusieurs qualifications. Des initiatives de toutes natures se multiplient sur le continent africain, grâce à l'outil informatique et ce phénomène s'est accentué avec la crise de la Covid-19 qui a permis de pointer plusieurs obstacles qu'il faut absolument franchir afin d'exploiter au mieux certaines potentialités de notre continent. Ces obstacles concernent particulièrement le coût d'accès à l'électricité et les méthodes de gouvernance inadaptées aux impératifs du développement.

Les effets du numérique sont multiples en ce qu'ils ont un impact sur les modes d'apprentissage, sur la productivité et la compétitivité des entreprises. Ils modifient les rapports au monde en offrant l'accès à l'information et à la connaissance, ainsi que d'énormes potentialités comme le e-banking, e-médecine, e-enseignement, e-marketing, accès aux cours : MOOC (Massive Open On Line Cours).

Ainsi, dans tout le continent africain, on constate l'émergence d'une nouvelle économie, car la lutte contre les inégalités est un défi majeur. Les secteurs du numériques constituent l'un des leviers essentiels de développement pour l'Afrique, en même temps que ce continent représente une formidable opportunité pour la transformation numérique mondiale. Les nouveaux modèles, qui émergent, modifient toute la chaîne de valeur des infrastructures d'usage.

En 2025, notre continent abritera près d'un habitant de la planète sur cinq et, selon l'UNICEF, 41 % des naissances se produiront en Afrique. En 2050, le PIB africain devrait être multiplié par trois. Cette création de richesse sera portée pour une très large part grâce à l'intégration des technologies de l'information dans les différents secteurs de l'économie, y compris les plus traditionnels tels que l'agriculture, la pêche, l'élevage, le commerce, mais aussi dans des activités facilitant l'accès des Africains aux services publics, financiers, et aux moyens de paiements électroniques.

Deux domaines sont en train de se développer en Afrique en matière bancaire *via* le mobile : le m-banking qui porte sur les différentes opérations traditionnelles comme le crédit et le m-paiement, encore appelé le paiement sans contact, qui simplifie pour le consommateur les transactions puisqu'il ne faut ni code, ni numéro de compte. Tout passe par la puce du téléphone ce qui, par ailleurs, permet un gain de temps et de coût pour les commerçants. Ces nouveaux services devraient aussi limiter très sérieusement la fraude aux paiements par chèque et par cartes bancaires.

Ces transactions numériques sont d'autant plus importantes que les agences bancaires font cruellement défaut pour le développement et la croissance. Il y a en moyenne une agence bancaire pour 100 000 habitants en Afrique, 100 fois moins qu'en Europe.

Cette nouvelle forme de paiement est non seulement un facteur de performance pour les entreprises, mais il correspond aussi aux attentes de la nouvelle génération « les milleniums » nés avec le numérique et les adeptes du ATAWADAC : Any Time, Any Where, Any Device, Any Content (n'importe quand, n'importe où, avec n'importe quel terminal, pour n'importe quel contenu).

Cette dématérialisation des activités bancaires et financières est à présent dans une phase active. On constate que ce phénomène est mondial et se développe très rapidement dans les pays émergents et en Afrique, qui compte déjà plus de 100 millions d'utilisateurs, selon le Boston Consulting Group, avec un chiffre d'affaires de plus d'un milliard de USD et devrait atteindre rapidement 250 millions d'usagers.

Efficacité, souplesse et sécurité sont les maîtres mots du m-banking. Il est clair pour l'usager ou le client que le développement de nouvelles relations avec son banquier et le paiement sans contact va sérieusement améliorer la structure et l'organisation des réseaux bancaires qui ne sont pas encore très développés en Afrique, et qui sont essentiels pour favoriser la croissance.

Le domaine de la santé présente aussi des avancées significatives en matière de prévention, de dépistage, de traitement et d'élargissement à l'accès aux soins.

Le recours aux technologies numériques permet, tout d'abord, d'abolir les distances, de réduire les coûts et de pallier le manque de personnel ou d'infrastructure sanitaire, notamment en faveur de groupes de personnes isolées et des zones reculées.

Ainsi, le développement de kits d'examen portables, couplés à des photos de haute qualité avec des téléphones portables et leur transmission à des spécialistes permettent à des médecins de procéder à des diagnostics à distance, pour des traitements plus précoces. Cela a été le cas pour le dépistage de la fièvre EBOLA au Rwanda et au Nigéria. La surveillance en temps réel a permis de contenir l'épidémie. Des drones sont en outre utilisés pour parachuter des poches de sang dans les zones difficiles d'accès dans la lutte contre les hémorragies. L'impression 3 D peut aussi révolutionner la médecine, avec la fabrication de prothèses orthopédiques, ou le dépistage des maladies. Dans le cas du paludisme, la création de kits de diagnostic offre des services à coûts réduits à des communautés à faibles revenus. La technologie permet enfin de collecter et d'analyser des données (mégadonnées ou Big Data) issues des appels mobiles anonymes, de l'activité des antennes relais de téléphonie mobile ou de la surveillance par les drones, pour détecter des épidémies. Cette révolution numérique dans le domaine de la santé est un élément essentiel pour favoriser la croissance.

L'éducation représente un secteur majeur d'application des technologies numériques. Notre pays a connu de bonnes expériences dans ce domaine depuis les années 60, à travers la radio et la télédiffusion de programmes éducatifs. L'Université Virtuelle du Sénégal forme actuellement des milliers d'étudiants qui obtiennent des diplômes dont les curricula sont alignés à la respiration économique de nos entreprises et arrivent à trouver facilement du travail. Le Sénégal a obtenu des résultats très appréciables durant les examens scolaires de l'année 2016, les meilleurs résultats depuis 1968, et cela est dû, semble-t-il, au système de pédagogie numérique mis en place durant la période de confinement, qui a permis à la majeure partie des élèves et étudiants d'assimiler à domicile l'essentiel de leurs cours.

Dans le secteur de l'éducation, l'approche est aujourd'hui centrée sur les contenus et usage *via* l'utilisation d'internet et la téléphonie mobile : université en ligne, plateformes numériques de cours en accès libre. La tendance actuelle se manifeste actuellement par une hybridation des dispositifs pédagogiques pour l'éducation de base, la formation continue et les apprentissages. Mais l'accès à l'internet est soumis à la possibilité d'obtenir de l'électricité et des compétences numériques qui sont également nécessaires pour bénéficier de leur contenu. N'oublions pas que l'appropriation des compétences technologiques par les usagers est tout aussi importante que la diffusion des avancées technologiques.

Dans un monde où la matière grise se substitue partiellement aux matières premières, 90 % de la recherche est assurée par les pays industrialisés et émergents, en fonction des priorités de leurs populations. Il faut encore noter que l'enseignement est au cœur des relations entre savoir, pouvoir et avoir et demeure présentement insuffisant quantitativement et qualitativement pour permettre à l'Afrique d'être en phase avec la nouvelle économie de la connaissance.

On assiste aussi, dans la gestion et l'aménagement urbain à de profondes transformations avec la gestion des services urbains, et des projets de villes intelligentes grâce au numérique. Des « écosystèmes numériques » fondés sur l'économie collaborative, les données ouvertes (*open data*) la production participative (*crowdsourcing*) transcendent les modèles classiques de l'économie, basés sur la centralisation. L'impact des TIC est considérable dans la formation et le renforcement de la société civile et plus généralement en matière de liberté d'expression.

En matière d'emplois, on peut dire que l'économie numérique concerne principalement trois catégories d'emplois : la construction d'infrastructures de réseaux (fibres, satellites, appareils téléphoniques entres autres), les matières périphériques (conception de logiciels, applications, plateformes d'échanges, vidéos, services culturels, etc.), et évidemment l'ensemble des autres secteurs dont les entreprises et les organisations tirent profit. Ces nouveaux métiers sont au cœur de la croissance de demain.

Les investissements consacrés à la production des matériels d'infrastructures déclenchent un double effet multiplicateur d'emplois, qui touche de plus en plus les entreprises de la périphérie, puis le reste de l'économie. Pour que cet effet multiplicateur se produise, il faut absolument que la qualification des entrepreneurs et la formation technique des personnels répondent aux attentes suscitées par l'émergence de nouveaux métiers. Ceci n'exclut pas, dans un premier temps, le rôle de la débrouillardise complétée par la suite par la formation professionnelle. Des sociétés comme Google ou Orange voient dans les marchés africains des relais de croissance très significatifs, et elles y tirent déjà plus de 10 % de leur chiffre d'affaires. En 2008, Tidjane Dème a été nommé Directeur de Google pour l'Afrique francophone. Cet ingénieur polytechnicien sénégalais souhaite se consacrer à la création de contenus pertinents pour l'Afrique.

Enfin, les start-up africaines ont connu un développement sans précédent ces dernières années. Elles ont comme objectif d'apporter des solutions rapides, peu onéreuses et compréhensibles par le plus grand nombre. On peut citer M-Pesa, le système de paiement mobile développé au Kenya, exemple emblématique d'un saut technologique observé sur le continent. Surnommé « leapfrog » littéralement « saut de grenouille », ce bond est le résultat d'une utilisation ingénieuse des nouvelles technologies. Il ne se fait plus selon un schéma dit classique, à savoir des pays du Nord vers ceux du Sud, mais au sein même de l'un des continents les plus innovants qui soit. Aujourd'hui, 80 % des Kenyans utilisent ainsi leur mobile pour payer leurs factures et ce phénomène est en train de devenir une mode au Sénégal.

L'investissement dans le numérique pour les économies du continent africain est un sujet majeur d'actualité. L'économie numérique est d'abord jugée à l'aune de la croissance et de l'emploi. Cette nouvelle économie offre aussi l'occasion de diversifier les activités au-delà des industries extractives de matières premières, et de répondre concrètement aux besoins actuels du continent africain.

S'il a fallu attendre cinquante ans pour que 25 % des Américains aient accès à l'électricité, trente-cinq ans pour que le même pourcentage de la population ait le téléphone, et vingt-cinq ans pour la télévision, il aura suffi de six ans pour qu'un quart des Américains puisse utiliser l'internet à haut débit.

La révolution numérique se déplace à très grande vitesse. Nous avons l'habitude de dire à ce sujet que si nous raisonnons en années ordinaires dans les secteurs traditionnels, dans le monde de l'internet, du numérique, il devient indispensable de raisonner en « années chiens ». Un chien, dit-on, vieillit sept fois plus vite qu'un homme, alors lorsque nous parlons d'une année dans le domaine numérique, celle-ci équivaut à sept dans les autres domaines. Dès lors, parler d'un horizon de trois ans, c'est discuter d'une période représentant près d'un quart de siècle. Pour cette raison, les prévisions dans ce secteur sont difficiles à estimer.

Le développement et la croissance dans un pays consistent, comme le dit le célèbre économiste américain Albert Hirschman, à « naviguer par zigzag pour atteindre le cap choisi en utilisant des vents favorables et des vents contraires ». C'est ce que le numérique permet; mais comme le précise le philosophe romain Sénèque, « il n'y a pas de vents favorables pour celui qui ne sait pas où il va ». Les Africains construiront leur propre modernité et donc leur croissance en combinant le rythme de leur histoire propre et le temps de la mondialisation. La révolution numérique est loin d'épuiser son potentiel d'innovations. Elle donne l'impression d'un éternel recommencement, avec les perspectives offertes par la cinquième génération 5G, qui est considérée comme une nécessité pour accélérer la croissance et les rythmes d'innovations.

Depuis 2018, 31 pays ont déjà commencé sa mise en place et sa promotion commerciale. Compte tenu de l'augmentation du trafic, une véritable foire aux données se prépare qu'on appelle en anglais « exaflood ». Dans moins de deux ans, les difficultés pour se connecter risquent de s'accroître un peu partout dans le monde, et en particulier en Afrique où la qualité du réseau fait souvent défaut.

La 5G offre beaucoup d'avantages avec 10 à 100 fois plus de débit que la 4G : 1 milliseconde de latence essentielle pour les objets connectés et les voitures, 1000 fois plus de bande passante, 100 fois plus d'objets connectés et 90 % de consommation énergétique en moins avec une durée de vie de 10 ans pour les batteries.

Plus d'une dizaine de firmes se sont déjà lancés dans 31 pays avec en tête la Corée du Sud, mais aussi le Japon, la Chine et les USA, sans oublier la Finlande et la Grande-Bretagne.

Dans le domaine de l'entreprise, les usines du futur s'affichent avec une gestion et une maintenance à distance et bien évidemment des véhicules autonomes. Nos modes de vie seront radicalement transformés avec les « Smart Cities », des villes sans embouteillages, la possibilité de travailler chez soi, d'apprendre chez soi, de se faire livrer tout ce que l'on veut chez soi avec des commandes et paiements numérisés, d'obtenir des consultations et soins de santé améliorés offerts par les applications de cette nouvelle technologie de rupture. La crise de la Covid-19 a renforcé cette conviction et doit pousser l'Afrique à se préparer à vivre dans un nouveau monde où rien ne sera plus comme avant.

La 5G n'est pas un luxe. Elle est une nécessité de cohérence temporelle, pour une croissance inclusive et un développement intégré.

Il est important pour l'Afrique de ne pas rater ce virage technologique, afin d'éviter de devenir les colonies numériques des autres continents comme l'Asie et l'Amérique, au même titre que l'Europe et la France qui doivent rattraper leurs retards dans ce domaine.

9. Urbanisation et ruralité

L'urbanisation de demain : les *Smart Cities*

Du Nord au Sud, de l'Est à l'Ouest, des pays développés aux pays émergents, l'urbanisation est devenue une question majeure. La ville concentre des populations de plus en plus nombreuses et des activités essentielles pour tous les individus comme la formation, la culture, la santé et bien sûr l'emploi.

L'Afrique, selon l'OCDE et le NEPAD, s'urbanise actuellement deux fois plus vite que l'Europe. La part des citadins dans la population africaine est passée de 14 % en 1950 à 40 % aujourd'hui, il a fallu 110 ans à l'Europe, entre 1800 et 1910, pour réaliser de tels scores et seulement soixante ans à l'Afrique et ce n'est pas fini. Le continent africain s'urbanise à un taux de 4 % par an, selon les Nations unies, 500 millions d'Africains de plus vivront dans les villes d'ici 2050 !

L'exode rural est devenu une sorte de tsunami qu'il sera impossible de maîtriser avec la conception actuelle des villes.

Un saut technologique et des innovations sont indispensables pour faire en sorte que ces déplacements massifs de population vers les villes ne génèrent pas une aggravation de la pauvreté, une croissance des inégalités et, bien sûr, une augmentation de la criminalité. Tous les services publics tels que les transports, le ramassage des ordures, la pollution, la distribution des soins et le système scolaire vont être mis à rude épreuve, et il sera de plus en plus difficile de répondre à la demande.

Dans une telle perspective, le concept récent de « Smart Cities » de villes intelligentes qui est apparu, il y a une dizaine d'années, s'impose pour réinventer la ville et répondre aux nouveaux défis et aux aspirations légitimes des habitants. Dans cette transformation urbaine, le numérique tient une place toute particulière car il offre des possibilités inconnues jusqu'alors ou trop onéreuses pour répondre à ces nouveaux besoins.

Il est clair que l'on ne se déplacera ni se soignera demain comme aujourd'hui, on enseignera et communiquera autrement, on n'habitera plus dans les mêmes logements et la sécurité, un élément essentiel du vivre ensemble, sera reconsidérée. Tout devra changer. Les solutions se trouvent en grande partie dans les possibilités offertes par les objets connectés au sein de l'espace urbain. On annonce qu'il y aura dans cinq ans deux milliards d'objets connectés dans les villes.

Un saut innovatif et technologique est donc indispensable. Nous n'avons pas le choix, le passage de la ville traditionnelle à la ville intelligente s'impose. Cette urbanisation nouvelle est une organisation qui doit être capable de répondre non seulement quantitativement mais aussi qualitativement à ces nouveaux besoins.

Le grand poète français René Char avait raison de dire : « il n'y a que deux conduites dans la vie, ou on la subit, ou on l'accomplit ». L'Afrique doit choisir de l'accomplir.

10. Démographie africaine et perspective de développement

La démographie est-elle une force ou une faiblesse pour le développent du continent africain ?

C'est à cette question que nous allons essayer de répondre.

La population africaine est passée de 283 millions d'habitants en 1960 à plus de 1,5 milliard en 2024, soit 18 % de la population mondiale, avec un taux de croissance estimé à 100 millions tous les trois ans. Elle devra augmenter de 950 millions pour atteindre environ 2,5 milliards en 2050. Le taux de fécondité, c'est-à-dire le nombre de naissances par femme, qui est de 4,1 en 2024, est le plus élevé au monde.

Une forte croissance démographique, non maîtrisée, influence négativement la croissance économique. Certains pays d'Asie et d'Amérique latine, qui ont compris très tôt ce postulat, avaient vite mis en place une stratégie de transition démographique.

La population mondiale croît à un rythme d'environ 1 % par an et celle de l'Afrique a un taux estimé à 2,7 % à cause d'une fécondité très élevée. Les jeunes de moins de 25 ans représentent plus de 62 % de sa population, contre 44 % dans l'ensemble des pays en développement et 27 % dans les pays développés.

Nous avons mis en exergue, dans le premier chapitre, les données sur l'évolution de la prospérité mondiale et montré que l'Afrique subsaharienne peine à occuper une place de choix en général, malgré ses énormes richesses. La majeure partie des quatre régions du monde que nous prenons comme exemples était au même niveau de fécondité, entre 6 et 7 enfants par femme, dans les années 1960. Il s'agit de l'Afrique subsaharienne, de l'Asie de l'Est, de l'Asie du Sud et de l'Amérique latine. Les PIB par tête d'habitant ont évolué différemment et nous avons comparé la Corée du Sud et des pays comme le Sénégal et la Côte d'Ivoire qui avaient le même niveau de développement dans les années 1960. La Corée du Sud s'est hissée au niveau des grandes économies mondiales, tandis que nos pays tardent à décoller. En Afrique subsaharienne, la croissance économique moyenne de 4,5 % par an des années 2000 à 2018 n'a conduit qu'à une augmentation par tête d'habitant de 1,7 % par an, et la croissance démographique de 2,8 % a absorbé 62 % de la croissance économique, contre respectivement 10 % en Asie de l'Est et 25 % en Asie du Sud. Ces évolutions économiques indiquent clairement le lien entre dynamiques démographiques et croissance économique. Et la maîtrise très rapide de la fécondité et de la croissance de la population a permis aux pays d'Asie et d'Amérique latine de bénéficier des avantages du dividende démographique. L'augmentation des revenus par tête d'habitant s'explique par la maîtrise du pourcentage des jeunes à charge, et donc la réduction de leur taux de dépendance qui favorise la réalisation d'un dividende démographique.

Le dividende démographique est défini comme une accélération de la croissance économique favorisée par des transitions démographiques. Il représente une chance économique offerte par une situation dans laquelle un pays atteindrait son optimum dans le rapport entre la population non dépendante et celle dépendante. Il offre un avantage économique tiré d'une proportion relativement importante de personnes en âge de travailler au sein de la population, qui bénéficient d'investissements en faveur de leur autonomisation, de leur formation et de l'emploi.

C'est pourquoi, l'autonomisation des femmes qui représentent une partie substantielle de la population africaine est un levier important pour parvenir au dividende démographique dans les pays où les taux de natalité restent élevés.

Les femmes protégées contre les grossesses non désirées jouissent d'une meilleure santé de même que leurs enfants et sont également plus aptes à devenir des acteurs économiques, contribuant significativement au développement. Les investissements dans l'éducation, l'autonomisation des jeunes et plus particulièrement des femmes font partie des facteurs clé de succès qu'il faut maîtriser.

Enfin la transition démographique désigne, le passage d'un régime traditionnel où la fécondité et la mortalité sont élevées et s'équilibrent à peu près, à un régime où la mortalité et la natalité sont faibles et s'équilibrent également. Avec la pauvreté qui augmente chaque année en Afrique subsaharienne, une prise en compte de la dimension démographique s'impose plus que jamais. Le maintien d'un taux de croissance démographique, supérieur à 2 % d'ici 2050, va certainement et davantage influer négativement sur l'élasticité de sa croissance qui ne pourra pas absorber significativement la pauvreté qu'elle peut engendrer.

Selon les estimations des Nations Unies, la population africaine pourrait doubler d'ici 2050 et atteindre 4,2 milliards de personnes en 2100. La population européenne quant à elle pourrait diminuer de 14 % en raison d'un seuil de fécondité au-dessous du taux de remplacement qui est de moins 2,1 enfants par femme en moyenne, dans presque tous les pays européens.

Dans un environnement mondial où les points de stabilité sont rares et où les modèles économiques des pays africains ne semblent pas apporter les meilleures réponses aux attentes des populations, favorisent une pauvreté multidimensionnelle, la théorie de Malthus sur la propension à consommer et sur la souveraineté alimentaire de l'afrique, face aux agressions climatiques et aux poussées démographiques, est devenue une priorité. Faisons l'expérience d'une famille de lapins et d'une autre de souris, enfermées dans un périmètre géographique d'un hectare clos, où chaque espèce peut se nourrir et se reproduire. Au bout de quelques années, l'espace ne sera plus suffisant pour les contenir. La première conséquence serait certainement qu'elles se cannibalisent pour subsister, faute de nourriture. La seconde, qu'elles risqueraient de s'auto-décimer par des maladies qu'elles auraient développées par effets de contamination. Ce qui est valable pour ces animaux pourrait l'être pour les hommes, faute de croissance démographique non contrôlée.

Les crises de subsistance sont toujours transformées en désordre dans le monde. La situation agricole en Europe, entre 1847 et 1848, en est un parfait exemple. En quelques jours seulement, l'Europe s'est embrasée, et l'ordre absolutiste, né au lendemain du congrès de Vienne, s'est effondré. La révolte partie d'Italie, s'est étendue en France, à Vienne, dans l'empire Austro-Hongrois, en Allemagne et même en Suisse. Entre février et mai 1848, la monarchie française s'est écroulée avec l'abdication de Louis-Philippe, Metternich quittait le pouvoir à Vienne, et l'Allemagne se dotait à Francfort d'un premier parlement. Le souvenir de ces tragédies a été ravivé par l'hiver arabe que nous avons vécu en 2011 avec un embrasement spectaculaire de la révolution, de la Tunisie à l'Égypte, se propageant jusqu'en Jordanie, puis au Yémen. Il n'y avait pas d'internet et de Facebook, et encore moins de WhatsApp en 1848, mais l'information circulait déjà à grande vitesse. La nouvelle chute de Louis-Philippe avait fait tomber Metternich, comme celle de Ben Ali avait ébranlé Moubarak. Dans chacun de ces cas, le rôle crucial joué par les crises alimentaires et la faim reste déterminant.

La tri-fonctionnalité sanitaire, économique et sociale, Covid-19, qui avait plongé le monde dans un état jamais vécu, pouvait être plus grave de conséquences que toutes les crises connues et gérées par le passé. Dans le long terme, elle pouvait être à l'origine d'émeute de la faim, aussi bien dans les pays développés que dans les pays pauvres. Les sommes faramineuses injectées par les États, pour atténuer la morosité économique survenue avec cette pandémie, avait quelque peu permis de stabiliser et de contenir les velléités de révolte dont le secteur informel et la jeunesse sans emplois allaient constituer l'épicentre. À cause de la démographie, au cours des prochaines années, la demande en denrées alimentaires des grands pays émergents comme la Chine et l'Inde ne cessera de croître comme pour l'Afrique. À l'horizon 2050, dans ces pays, selon certains scénarios, la raréfaction de l'eau pourrait faire chuter la production du riz et du blé de 30 à 35 %. C'est la raison pour laquelle les regards se tournent de plus en plus vers l'Afrique, une région du monde qui a été tenue à l'écart de la révolution verte de l'après-guerre. Notre continent dispose d'un potentiel en terres arables très important, estimé à plus de 219 millions d'hectares, soit 7 % de la superficie mondiale, selon la Banque mondiale, et l'on trouve en Afrique plus de la moitié des terres arables inutilisées dans le monde. Selon une étude de Mc Kinsey Institute, une vraie révolution verte en Afrique pourrait tripler la production agricole d'ici 2030, pour une rentabilité de plus de 900 millions de US dollars par an. Mais pour y arriver, il nous faudra porter le principal rendement de nos céréales à 80 % de la moyenne mondiale, en exploitant la majorité des terres arables. Au-delà des considérations économiques, la révolution verte en Afrique est un impératif moral, car l'insécurité alimentaire, dont le seuil est de 2 200 calories par jour, pourrait concerner 500 millions d'Africains et entraîner une forte mortalité d'ici 2020. Tenant compte des multiples enjeux économiques, sociaux et environnementaux liés à la démographie en Afrique, une politique volontariste devrait être entreprise au niveau de l'Union Africaine et bien articulée dans l'Agenda 2063. Cette stratégie devra avoir comme objectif fondamental une accélération et une régulation de la baisse de la natalité, avec une révolution des méthodes contraceptives pour les femmes de l'union, comme c'est le cas dans certains pays d'Amérique latine, d'Asie et d'Afrique australe. Cette initiative pourrait permettre, d'ici 2050, de réguler les naissances de l'ordre de deux enfants par femme, comme c'est le cas dans plusieurs pays émergents.

Une fécondité maîtrisée favorisera l'avantage d'un dividende démographique, pour une croissance inclusive apte à réduire significativement la pauvreté multidimensionnelle.

Pour atteindre cet objectif, il faudra beaucoup d'efforts pour vaincre certains tabous liés à la culture et à la religion dans le cadre d'un programme d'information et d'alphabétisation bien articulée.

Une démographie bien maîtrisée représenterait un avantage pour le décollage et le développement du continent, à condition que la jeunesse, qui représente la plus importante partie de sa population, soit bien éduquée et bien formée.

Les jeunes et les femmes, en tant que moteurs de développement, doivent occuper une place centrale dans cette stratégie. Le monde compte environ 1,8 milliard de jeunes de 10 à 24 ans. Plus de 85 % de cette cohorte qui entame sa transition vers la vie adulte vivent dans les pays en développement et représentent près de 30 % de la population. Ce nombre devrait continuer d'augmenter. Investir dans la jeunesse est un pari à gagner. Il faut cependant adopter des politiques économiques adaptées et soutenues par des programmes d'investissements judicieux. En effet, l'accès à une éducation de qualité, à la formation, à des emplois décents, et à la participation citoyenne, au même titre que l'accès aux services sociaux de base, de santé, sont des défis à relever pour répondre à leurs besoins. Un très grand nombre de jeunes se voit forcé d'abandonner le système scolaire à un âge précoce et se retrouve complétement désarmé pour affronter l'avenir. Aujourd'hui, un enfant sur quatre n'achève pas le cycle primaire et de plus en plus de jeunes se retrouvent au chômage, ou avec des emplois vulnérables. De nouveaux besoins en matière de santé sexuelle et reproductrice chez les jeunes adolescents sont très mal gérés, alors que de nouveaux risques sanitaires font leur apparition.

Par ailleurs tous les jeunes n'ont pas les mêmes chances de mobilité, et un très grand nombre est exclu des processus de prise de décisions sur des questions qui les intéressent au premier chef.

Pour une bonne gestion de la transition démographique, les pays africains doivent garder en ligne de mire les réformes des systèmes éducatifs et agraires.

Les réformes des systèmes éducatifs sont impératives et plus que nécessaires, si l'on veut réguler les facteurs d'instabilité comme le taux d'analphabétisme encore élevé et le niveau de pauvreté, couplés à la dynamique démographique qui exerce une grande pression sur les secteurs de l'éducation, de la santé et de la sécurité alimentaire. Pour tirer partie du dividende démographique, notre continent devra aussi prédisposer sa jeunesse à accéder à des emplois réénumérés. Pour ce faire, il faudra offrir aux jeunes une formation adaptée aux attentes des marchés et des entreprises. Un renforcement des capacités technologiques est nécessaire. Pour ce faire, il faudra orienter plus d'étudiants vers les filières technologiques et scientifiques et accorder plus d'importance à l'enseignement des sciences mathématiques, de l'école à l'université.

Le ratio de scientifiques et de chercheurs dans la population africaine est très faible. Il est de 79 pour un million d'habitants, comparé à une moyenne mondiale de 1 081 pour un million. Aussi, seuls 22 % des diplômés africains sortent aujourd'hui de l'université avec un diplôme en sciences, technologies, ingénieurs, ou en mathématiques (ce que l'on appelle les filières STEM), contre plus de 40 % en Chine.

Tableau 37 : **Dépenses par étudiant en Afrique (en USD)**

Pays	Année					
	1997	2000	2005	2010	2015	2016
Angola	-	-	1 357,47	-	-	-
Bénin	-	938,33	1 135,06	614,29	779,10	-
Botswana	-	-	14 154,12	-	-	-
Burkina Faso	-	-	899,43	1 414,55	776,41	2 332,86
Burundi	-	996,87	356,43	784,90	-	-
Cap-Vert	-	-	1 401,93	-	1 386,89	1 416,95
Cameroun	-	-	740,66	349,54	-	-
République Centre-africaine	-	-	-	429,00	-	-
Chad	534,29	-	1 667,69	1 832,53	-	-
Cote d'Ivoire	1 539,80	-	-	2 238,58	2 265,57	2 588,31
Djibouti	-	-	-	2 341,72	-	-
Eswatini	-	6 883,68	7 116,65	-	-	-
Ethiopie	878,36	-	-	963,89	-	-
Gambie	-	-	-	1 781,19	-	-
Ghana	-	-	1 430,64	-	-	-
Guinée	-	-	1 002,35	630,44	-	-
Kenya	-	879,95	-	-	1 138,03	-
Lesotho	5 593,16	3 727,47	-	-	-	-
Madagascar	595,06	-	484,24	-	0,15	0,17
Malawi	-	5 576,77	-	9 887,49	-	-
Mali	-	-	-	861,80	1 167,41	1 380,32
Mauritanie	462,91	-	-	2 702,69	1 442,68	1 499,70
Maurice	-	-	1 474,75	995,31	1 056,78	1 049,87
Maroc	-	1 496,53	-	-	-	-
Niger	-	-	-	2 143,96	1 517,87	1 581,03
Rwanda	-	2 898,44	972,71	1 030,03	792,40	-
Sénégal	-	-	1 638,99	2 441,44	2 148,04	1 812,73
Seychelles	-	-	-	-	-	11 713,98
Afrique du Sud	-	-	-	-	2 446,30	-
Tanzanie	-	-	2 617,23	4 652,06	-	-
Togo	-	-	-	554,50	684,19	630,77
Tunisie	2 074,88	1 592,53	1 514,55	2 173,58	2 197,88	-
Uganda	-	-	-	681,26	-	-
Zimbabwe	-	-	-	426,25	-	-
AFRIQUE (moyenne)	**1 668,35**	**2 776,73**	**2 103,42**	**1 747,12**	**1 319,98**	**2 364,24**

Tableau 38 : **Comparaison des dépenses publics par étudiant (en USD)**

Année	Afrique	Europe	États-Unis	France	Sénégal
1997	1 668,3	6 806,7	-	-	-
2000	2 776,7	5 574,7	-	6 589,7	-
2005	2 103,4	8 018,5	-	11 670,4	1 639,0
2010	1 747,1	9 466,3	10 137,1	15 183,0	2 441,4
2015	1 320,0	9 593,1	12 275,4	12 100,6	2 148,0
2016	2 364,2	9 542,1	11 309,3	11 708,9	1 812,7

Comme le démontrent les tableaux 37 et 38, la moyenne africaine en matière de dépenses par étudiant, en 2016, est estimée à 2 364, 24 dollars américains contre 9 542,1 USD pour l'Europe, 11 309,3 pour les USA, 11 708,9 USD pour la France et 1 812,7 USD pour le Sénégal.

Tableau 39 : **Classement des États d'Afrique en fonction des dépenses en recherche et développement (% du PIB)**

Numéro	Pays	Année		
		2000	2010	2020
1	Égypte	0,19	0,43	0,92
2	Rwanda	-	0,65	0,76
3	Tunisie	0,54	0,66	0,75
4	Kenya	0,36	0,69	-
5	Maroc	0,25	0,66	-
6	Afrique du Sud	0,53	0,69	0,61
7	Gabon	0,42	0,58	-
8	Sénégal	0,29	0,43	0,58
9	Botswana	0,53	0,27	0,56
10	Algérie	-	0,07	0,53
11	Tanzanie	0,33	0,37	0,41
12	Congo (RDC)	0,27	0,28	0,36
13	Ghana	0,23	0,38	-
14	Maurice	0,28	0,36	0,4
15	Namibie	-	0,14	0,33
16	Mozambique	0,37	0,39	0,31
17	Tchad	-	-	0,3
18	Zambie	0,01	0,28	-
19	Éthiopie	0,18	0,24	0,27
20	Eswatini	-	-	0,27
21	Burkina Faso	0,18	0,18	0,25
22	Soudan	0,47	0,22	-
23	Seychelles	0,4	0,28	0,22
24	Burundi	0,2	0,14	0,21
25	Togo	-	0,17	0,2
26	Mali	0,22	0,58	0,16
27	Ouganda	0,37	0,36	0,14
28	Nigeria	-	0,13	0,13
29	Côte d'Ivoire	-	0,07	0,07
30	Gambie	0,01	0,08	0,07
31	Cap-Vert	-	0,07	0,07
32	Lesotho	0,04	0,03	0,05
33	Angola		0,03	0,03
34	Madagascar	0,1	0,1	0,01
35	Mauritanie	-	-	0,01
AFRIQUE		0,28%	0,31%	0,31%

Tableau 40 : **Comparaison des dépenses en R&D (en % du PIB) par région et par pays**

Pays	Année			Moyenne par Région/Pays
	2000	2010	2020	
AFRIQUE	0,28 %	0,31 %	0,31 %	**0,30 %**
EUROPE	1,13 %	1,30 %	1,55 %	**1,33 %**
ETATS-UNIS	2,62 %	2,71 %	3,47 %	**2,93 %**
FRANCE	2,09 %	2,18 %	2,28 %	**2,18 %**
CHINE	0,89 %	1,71 %	2,41 %	**1,67 %**
INDE	0,76 %	0,79 %	0,65 %	**0,73 %**

Les tableaux 39 et 40 renseignent sur les volumes d'investissements des États africains et des autres régions en dépenses de recherche et développement en pourcentage du PIB.

En 2020, la moyenne par région pays est estimée par la Banque mondiale à : 0,30 % pour l'Afrique, 1,33 % pour l'Europe, 2,93 % pour les USA, 2,18 % pour la France, 1,67 % pour la Chine et 0,73 % pour l'Inde.

Le tableau 41 suivant donne des indications sur le nombre d'ingénieurs formés par certains pays par an : la Chine, 1 300 000 ingénieurs par an, l'Inde 1 500 000 par an, la Russie, 450 000 par an, les États-Unis 250 000 par an, la France 37 000, l'Europe 300 000, l'Afrique 300 000 par an et le Nigéria 3 500 par an.

Tableau 41 : **Nombre d'ingénieurs par pays**

Pays	Nombre d'ingénieurs par an
Chine	1 300 000
Inde	1 500 000
Russie	450 000
Etats-Unis	250 000
France	37 000
EUROPE	300 000
AFRIQUE	300 000
Nigéria	3 500

Source : www.capital.fr>Business

Ces informations démontrent à suffisance, l'importance du capital humain sur la performance des entreprises et la compétitivité des nations, et expliquent aussi le retard de l'Afrique dans plusieurs domaines.

11. Conférence de Bandoeng *vs* BRICS

Comparaison n'est pas raison, certes mais cette partie de notre étude pose le débat sur le rôle que les BRICS pouvaient ou pourraient jouer, pour une recomposition géopolitique et géostratégique de l'ordre économique et politique mondial. La conférence de Bandoeng, initiative à la fois remarquable et courageuse, a marqué les esprits des intellectuels du monde, en général et des Africains en particulier. Elle fut une manifestation portée par quelques pays, dont ceux décolonisés du tiers-monde qui n'avaient pas voulu intégrer la lutte des deux blocs, menée par les États-Unis et l'URSS, préférant le principe du non-alignement. Cette conférence avait marqué leurs entrées sur la scène internationale.

Elle avait regroupé 29 pays africains et asiatiques, du 18 au 24 avril 1955, en présence de grandes figures emblématiques dont : Gamal Abdel Nasser d'Égypte, Jawaharlal Nehru de l'Inde, Soekarno de l'Indonésie et Zhou Enlai de la Chine. Conscients de leur force, ces pays qui venaient d'obtenir leurs indépendances, parfois au prix de luttes très âpres et voulaient soutenir d'autres colonies à obtenir la leur, avaient eu le mérite d'accélérer le processus.

Cette conférence avait fortement contribué à l'accession et à l'indépendance de plusieurs pays et il faut rappeler que le Japon fut le seul pays industrialisé à assister à cette rencontre. Il faut noter aussi que des délégations du FLN algérien et du Destour tunisien y étaient représentées.

Si le poids économique des pays ayant participé à cette initiative était relativement important, la portée politique de l'événement fut immense.

D'autres initiatives remarquables ont suivi cette dynamique : le **NON fameux** du Président Ahmed Sékou Touré, le 25 août 1958 à Conakry, alors qu'il recevait le Général de Gaule lors de sa tournée africaine pour la promotion de son projet de communauté. « **Nous préférons la pauvreté dans la liberté à l'opulence dans l'esclavage** » ; Le Consciencisme de Kwamé Nkrumah, au cours de la première conférence d'Organisation de l'Unité Africaine (OUA), tenue en 1963 à Addis Abeba, en Ethiopie, devant de charismatiques leaders Africains aux ambitions fortes, soutenues par de profondes valeurs doctrinales, aptes pour tracer la voie de l'Afrique vers la liberté et la prospérité.

Ma conviction est que les BRICS pouvent constituer un nouveau pôle de régulation économique, politique et social, face à l'Occident. Avant d'aborder les facteurs explicatifs de la perspective de régulation géopolitique planétaire par les BRICS, il est important de parler de l'origine du terme qui a aussi un lien conceptuel avec le slogan d'émergence, largement propagé au 21e siècle.

Il faut rappeler que pendant longtemps, dans le groupe des Nations Unies, trois groupes de pays étaient à la base de la structuration de son assemblée générale : les pays développés à économie de marché (PDEM), les pays à économie centralement planifiée (PECP), les pays en voie de développement (PVD). Les PDEM représentaient l'Occident, c'est-à-dire les pays dont le développement remontait au 19e siècle et qui forment le bloc de l'OCDE. Les PECP représentaient les pays communistes séparés entre la grande obédience de Moscou qui a disparu en 1990 et quelques chapelles dissidentes promises à l'éclatement (Yougoslavie), au désastre (Cuba et Corée du Sud), ou la prospérité (Chine). À l'époque, il y avait évidemment un Est et un Ouest et également un Sud, issu des empires coloniaux dont les frontières correspondaient aux pays asiatiques et africains indépendants ou présents à la conférence de Bandoeng en 1955. Cette stratification avait amené Alfred Sauvy à conceptualiser le néologisme « tiers-monde » pour designer, à l'image du Tiers-état de la monarchie française, un troisième monde composé de pays ayant en commun la pauvreté et une forte croissance démographique.

Le périmètre de ces pays suivant ce découpage économique des Nations Unies était cartographié comme un vaste ensemble allant de grands royaumes comme l'Éthiopie aux jeunes États indépendants, qui représentaient les « pays en voie de développement ». L'expression « sous-développés » avait été abandonnée, à la suite de la proclamation de la décennie du développement en 1964, et de la création de la Conférence des Nations Unies sur le Commerce et le Développement (CNUCED).

Avec la disparition des PECP des années après, la qualification des pays en voie de développement avait évolué, en devenant les pays les moins avancés (PMA), pour ne pas dire peut-être les pays les plus reculés. Face au dynamisme économique de certains pays comme Hong Kong, Singapour et Taiwan, qui s'étaient fait remarquer avec de forts taux de croissance, on parla pour la première fois de « pays émergents ». L'expression avait commencé à avoir une résonnance avec les BRICS (Brésil, Russie, Inde, Chine et Afrique du Sud).

L'économie mondiale venait d'être marquée par le retour de la Chine, après un demi-siècle d'absence sur la scène mondiale. Les grandes puissances devaient aussi compter désormais avec une nouvelle vague de pays comme les BENTIVM (Bangladesh, Éthiopie, Nigéria, Indonésie, Vietnam et Mexique) dont le potentiel économique avait marqué l'économie mondiale.

Cette nouvelle donne avait dessiné un nouveau monde où l'Afrique était prise en compte, au vu de ses perspectives démographiques et économiques.

Au 21e siècle, les pays africains représentent des défis et des opportunités qu'il faut maîtriser. Ces défis peuvent être résumés en termes de croissance démographique, de développement de classes moyennes consommatrices, de gestion de l'énergie, de l'eau, des terres, de l'urbanisation, des guerres de religion ou d'identité. Ces défis concernent aussi et surtout les ressources naturelles, minières, gazières, pétrolières et agricoles qui sont disponibles dans ces pays où les grandes firmes se bousculent pour acquérir, maintenir et développer des parts de marché. Après la chute de l'Empire romain, des citées d'Italie, commerçantes comme Venise et Gênes, banquières comme Florence, les Flandres et leurs artisans drapiers, la France de Colbert furent les premières à émerger. Nous considérons que l'émergence est un décalage ou une démarcation économique, caractérisée par la première révolution industrielle née en Angleterre en 1760, et qui a fait du Royaume-Uni la première nation industrielle. Cette expérience nous renforce dans notre conviction que le fondement du décollage économique est bien industriel, et moins en termes d'avancées technologiques que d'économie d'entreprises et d'esprit de marché. Il faut aussi noter que pendant la seconde moitié du 19e siècle, le décollage était devenu très important dans le continent européen, avec l'Allemagne, la Russie et la France dont les économies se montraient de plus en plus dynamiques, pendant que le Royaume-Uni consolidait son leadership. À la fin du 19e siècle, quatre grands pays ont symbolisé une nouvelle catégorie de pays émergents : les États-Unis d'Amérique, le Japon, la Russie et l'Argentine.

La leçon que nous tirons de ce rappel est que l'émergence est un long processus sur plusieurs décennies, et dont le plus important des déterminants repose sur les éléments dont la résilience de sa croissance, étant précisé que les matières premières y jouent un rôle secondaire. En effet, le rôle de l'État et la logique entrepreneuriale sont au centre de tout processus d'émergence. L'exemple de la Chine, « l'Empire du Milieu », qui désigne ce pays comme le centre du monde et de la civilisation, confirme ces postulats. Il faut rappeler que sur les 18 premiers siècles après Jésus-Christ, son poids économique dominait déjà les autres pays. La part de son PIB sur l'économie mondiale était déjà supérieure durant cette période à celle de tous les pays occidentaux et représentait plus du tiers de l'économie mondiale. C'est ainsi que la Chine réalisait plus de 30 % du PIB mondial, soit plus que les USA, l'Europe centrale et oriental réunis à cette date. Le succès chinois doit être analysé à partir de ce processus à très long terme qui lui a permis de traverser ce long fleuve, avec une très grande résilience contre les chocs exogènes et endogènes. Les BRICS ont donc marqué l'apparition de nouveaux acteurs mondiaux, avec qui il faut compter du fait de l'amplitude de leurs croissances démographiques et du dynamisme de leurs économies.

Dés lors, une nouvelle classification plus précise des pays a permis d'identifier de nouveaux potentiels de croissance et de développement dans le monde. Depuis ce concept de BRICS, plusieurs classifications ont vu le jour. Cependant, il faut préciser que les multiples acronymes n'ont pas été théorisés par le monde universitaire et le système des Nations Unies, mais plutôt par les banquiers, les fonds d'investissements, ou de grands cabinets de consulting dont les observations ont permis de distinguer certains pays émergents.

Les pays ciblés l'ont été et le sont parce qu'ils représentent des opportunités financières et de marché avec une probable rentabilité dans le moyen terme.

Les critères retenus pour ces classifications sont souvent très flous, ce qui se traduit par des listes hétérogènes et difficilement comparables entre les pays, si l'on s'en tient à leurs itinéraires et à leurs histoires économiques.

Pour mieux apprécier ces classifications, il est très important de garder à l'esprit que les pays émergents sont des enfants de la mondialisation qui ont réussi à contrôler leurs richesses et leurs atouts nationaux grâce aux échanges internationaux, tout en maîtrisant les politiques de réformes et d'ouverture du reste du monde. L'analyse de la croissance de ces pays est alignée et repose fondamentalement sur la mise en œuvre des dix commandements de Washington, couplés à une stabilité politique et institutionnelle.

Ces éléments essentiels mettent en relief de nouvelles formes de « capitalisme », avec le modèle chinois dont le parti communisme tient une place centrale et le modèle russe, dans lequel l'État joue un rôle omniprésent. Ces modèles qui sont différents du capitalisme occidental permettent aux économies de leurs pays de battre aux rythmes des pulsions de la mondialisation.

Les nouveaux critères d'analyse de l'émergence représentent les repères pour les banquiers, qui sont essentiellement financiers et qui permettent d'estimer les risques d'investissements dans chaque pays.

Le concept de BRICS a été créé par le banquier Jim O'Neill de Goldman Sachs en combinant deux facteurs essentiels : les facteurs économiques et démographiques. Afin d'obtenir une analyse plus fine et approfondie, trois autres critères cumulatifs et combinatoires ont été ajoutés, permettant une définition de l'émergence plus juste et plus précise.

Le premier critère est la population qui doit être assez nombreuse, afin de constituer un marché domestique attractif représentant un premier débouché à l'industrie locale, mais aussi une opportunité pour les importations nécessaires à l'équilibre des échanges. Plus cette population est jeune et bien éduquée, avec un niveau d'alphabétisation élevé pour les femmes, plus sa contribution au développement économique sera significative.

Le deuxième critère est celui d'une croissance économique résiliente et potentielle dans le long terme, avec un minimum de 5 % par an, associant une bonne combinaison de facteur travail et capital sur une période de 10 ans au moins. Selon le modèle de développement de Robert Solow, l'interaction d'un accroissement du stock de capital, associée à une quantité de travail et de progrès technique, influence toujours le niveau d'activité.

L'urbanisation est le troisième critère, elle est considérée comme un facteur essentiel du décollage économique. En effet, les villes permettent le développement des transports, l'accès à l'eau et facilite les échanges. Considérée sous cet angle, l'urbanisation devient un facteur essentiel et indispensable au processus d'émergence.

Les infrastructures représentent le quatrième critère, en ce qu'elles accompagnent tout processus de décollage économique, avec la construction de routes, de ponts, de voies ferrées, de ports, d'aéroports, et d'infrastructures énergétiques.

La stabilité politique est le cinquième critère, indépendamment du type de régime qui maîtrise la mise en œuvre des projets dans le long terme. La Chine a démontré que la démocratie peut être accessoire dans le processus de développement économique. Le facteur clé de succès réside dans une vision adaptée dans le long terme et une stabilité des institutions qui permettent de décliner et de réussir des programmes dans la durée.

Ainsi de 2001 à nos jours, on peut constater plus de douze classifications de pays émergents, réalisées principalement par des banquiers.

Les BRICS continuent leur chemin, agrandissant leur cercle et tenant compte des avantages comparatifs de chaque membre et de leurs perspectives de complémentarité, en termes de ressources et de matières premières.

La stratégie des BRICS dépasse l'alliance commerciale avec la création de nouvelles institutions financières comme « New Development Bank » et un « fonds de réserve commun » qui leur permettent d'avoir une certaine autonomie vis-à-vis de la Banque Mondiale et du Fonds Monétaire. Présentement, la contribution des BRICS à la croissance mondiale est évaluée à plus de 50 %. Aussi, ils se distinguent par leur population et la superficie qu'ils représentent.

Au regard de tous ces éléments, il est certain que si les BRICS s'inscrivaient dans une dynamique d'unité dans l'absolu, en mettant de côté leurs rivalités internes et en regroupant autour de cette organisation le maximum de pays, dont l'ensemble des pays africains, ils pourraient sans aucun doute rééquilibrer l'ordre économique mondial, face à l'Occident, et même au niveau du conseil de sécurité des Nations Unies. Ces pays ont un même combat d'affirmation et de volonté de souveraineté. Le prix de cette souveraineté, voire de cette liberté, est l'union et la renonciation à des intérêts personnels qui les divisent et partant les affaiblissent face à l'Occident. BRICS/Afrique pourraient prétendre à de nouvelles instituions communautaires : une nouvelle banque centrale, sa monnaie, des normes de coopération commerciale pour un commerce intra BRICS/Afrique, un mécanisme de résolution des conflits, tout en restant ouvert au reste du monde.

Nous avons posé plusieurs hypothèses de comparaison avec des illustrations.

Le tableau 42 ci-dessous est une comparaison sur une base PIB à partir des données de la Banque Mondiale (WDI, 2025) BRICS, États-Unis, Europe, Afrique, BRICS+ Afrique.

Tableau 42 : **Comparaison entre régions (en milliards d'euros)**

Année	BRICS	USA	Europe	Afrique
1960	16,8	541,9	19,2	1,2
1965	23,3	741,9	29,1	1,6
1970	27,8	1 073,30	36,9	2,3
1975	61,6	1 684,90	80,5	5,4
1980	111,2	2 857,30	148,4	10,2
1985	127,9	4 339,00	224,7	11,8
1990	207,3	5 963,10	251,5	12,9
1995	278,4	7 639,70	222,7	14
2000	322	10 252,10	222,7	14,6
2005	553,2	13 039,20	371,1	25,7
2010	1 263,80	15 049,00	468,7	46,5
2015	1 737,70	18 295,00	447,9	51,9
2020	2 081,20	21 354,10	486,4	51,7
2021	2 510,70	23 681,20	556,9	59,4
2022	2 645,60	26 006,90	557,9	63,9
2023	2 648,20	27 720,70	626,3	62,8

Graphique 43 : **Comparaison entre régions de 2000 à 2023**

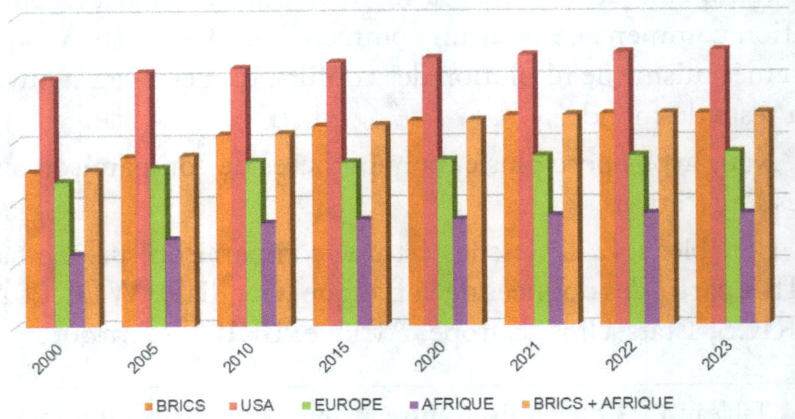

L'histogramme 44 suivant est une comparaison entre régions et BRICS+ Afrique.

Histogramme 44 : **Comparaison entre BRICS+Afrique, Europe et États-Unis**

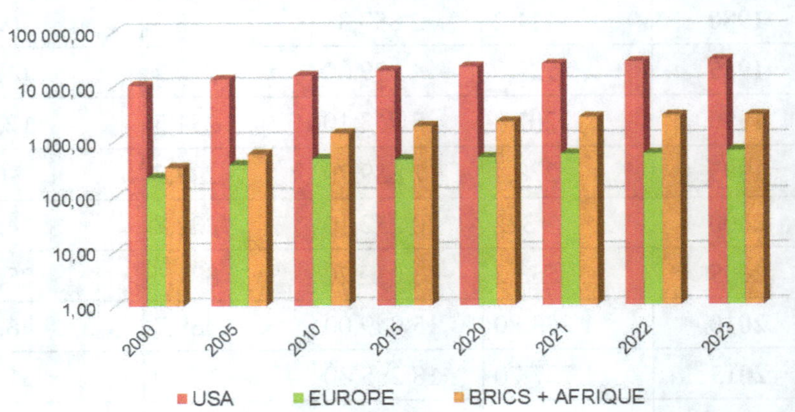

L'histogramme 45 est une illustration du PIB BRICS/ Afrique *vs* Europe.

Histogramme 45 : **Niveau de PIB : BRICS+Afrique *vs* Europe**

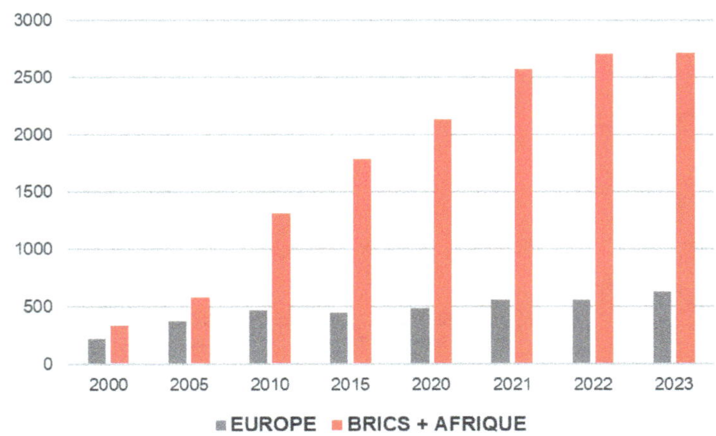

Le graphique 46 suivant met en exergue la distance entre BRICS/Afrique et Europe.

Graphique 46 : **Évolution du PIB – BRICS+Afrique et Europe**

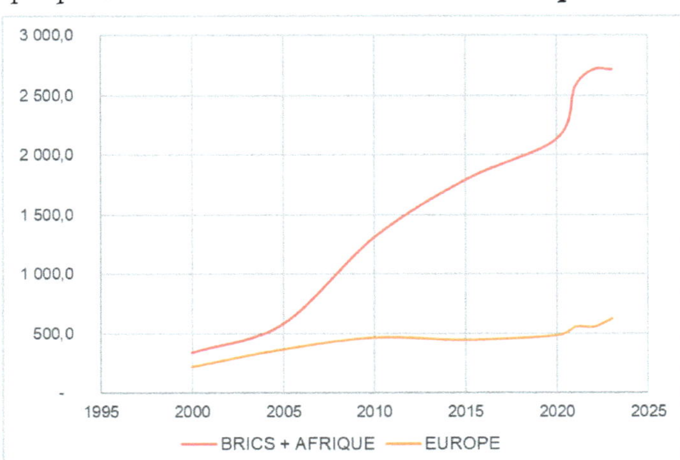

L'histogramme 47 illustre toujours la suprématie économique des USA face à BRICS/Afrique.

Histrogramme 47 : **Comparaison des niveaux de PIB – BRICS et l'Afrique contre les USA**

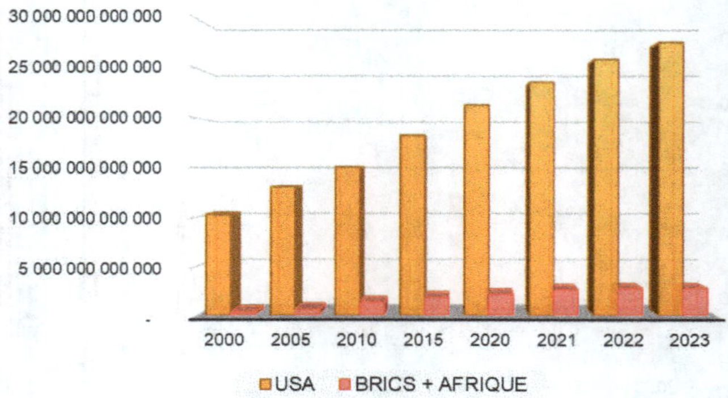

Le Graphique 48 confirme la distance des États-Unis *vs* BRICS/Afrique.

Graphique 48 : **Évolution du PIB – BRICS + Afrique et USA**

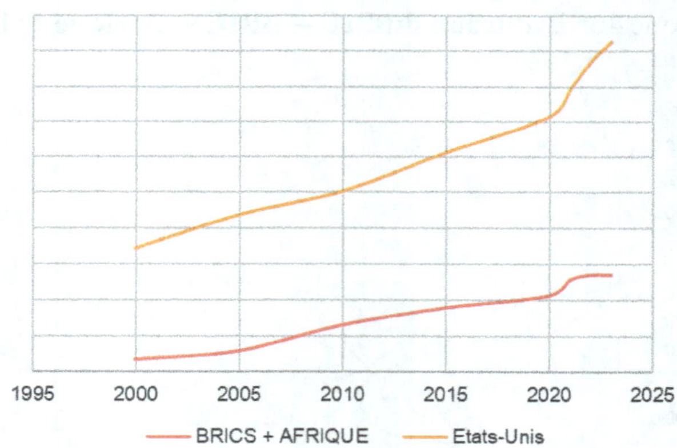

Les BRICS pourraient porter une nouvelle configuration d'un monde beaucoup plus équilibré où l'Occident et le reste du monde, en particulier l'Afrique, pourraient bâtir de nouvelles formes de coopération avec de nouveaux partenariats.

12. Territorialisation, clé de voûte pour la prospérité africaine

La logique de polysegmentation planétaire, qui traduit l'écart de développement entre les pays riches et les pays pauvres, a toujours été une réalité tangible au point de cultiver une certaine prise de conscience internationale liée à ce phénomène. Les fondamentaux du dialogue Nord-Sud ont toujours été orientés vers la réduction de la distance de développement économique entre ces deux pôles planétaires, qui reste un déterminant du monde du 21e siècle. Ce dialogue a fait naître plusieurs programmes fondés sur de nouvelles théories du développement territorial. Le corpus lié à la littérature sur le développement territorial est très riche et varié avec des résultats remarquables dans plusieurs pays. On peut prendre comme point de départ le discours du Président Harry Truman de janvier 1949, où il évoquait les disparités de développement dans l'espace planétaire et la nécessité de concevoir de nouveaux programmes pour y remédier. Il s'était exprimé en ces termes : « l'impératif de lancer de nouveaux programmes audacieux, qui vont mettre les avantages des avancées scientifiques et technologiques au service de l'amélioration de la prospérité des pays en développesment ».

Concomitamment, les analystes du développement avaient constaté des disparités internes dans les espaces des pays développés, et une très forte concentration des activités et des décisions de la vie économique dans les capitales.

Ces phénomènes que l'on pouvait retrouver dans les différents pôles de la planète avaient inspiré les chercheurs et décideurs à élaborer des théories explicatives sur ces inégalités dans les espaces territoriaux quelque peu marginalisés, et à préconiser des solutions susceptibles de les atténuer.

Entre autres théories, nous pouvons citer celles de :

- Rostow, qui considére sa dynamique des cinq étapes essentielles articulées sur les territoires, comme un processus pouvant stimuler la croissance et soutenir une économie sans inégalités exessives ;

– du développement par pôle de croissance, développée par François Perroux qui définit le pôle comme point de croissance situé dans un espace économique d'où émanent et vont des forces, et qui représente un ensemble d'unités motrices exerçant des effets d'entraînement à l'égard d'un autre ensemble économiquement ou territorialement défini.

Cette théorie de Perroux, s'accorde avec celles de plusieurs auteurs comme : Bouderville, Lajugie, Davin, entre autres. L'idée centrale est articulée autour de l'espace et des territoires, et permet de considérer la logique des pôles de croissance comme à la fois des théories de développement économique favorisant une diffusion spatiale de la croissance et une dynamique de développement. Il faut remarquer qu'en général ces théories sont nées après la deuxième guerre mondiale, dans un contexte de relance économique, à partir d'une stratégie d'entreprises et d'industries motrices, et ne peuvent être appliquées à l'identique dans les pays sous-développés. Ce questionnement est d'autant plus pertinent que l'espace, dans les pays développés, et celui des pays sous-développés, ne peut pas avoir les mêmes configurations et les mêmes définitions ;

L'Allemand W. Christaller a conceptualisé la théorie de la dépendance ou du centre et de la périphérie, pour expliquer la localisation et la distribution des activités humaines, en fonction de la situation géographique, ou encore du rôle majeur que joue la distance. Les travaux de Christaller représentent une référence théorique et une stratégie d'hiérarchisation des activités dans l'espace. D'autres chercheurs comme Von Thünen et Aydalot, militants de la théorie du centre, ont décliné la logique des aires de production, la localisation des activités agricoles par rapport au centre qui sont des aires de marchés, et le principe des périphéries inaptes à l'innovation qui sont soumises aux décisions qui viennent des centres. Ces théories du centre et de la périphérie ont comme déterminants les possibilités qu'elles offrent pour une promotion de leur propre développement, par l'acquisition d'une valeur sociale et économique symbolique. Cette dynamique favorise des foyers de convergence, des flux de personnes, de biens, de marchandises, de matériaux, d'énergie, d'informations et d'infrastructures qui naissent de la périphérie. Il faut aussi souligner que ces approches ont fait l'objet de plusieurs critiques dont les auteurs considèrent qu'ils représentent les facteurs explicatifs du déterminisme de la richesse des zones centrales prospères, comparées aux périphéries pauvres.

Ces postulats convergent vers la théorie du développement endogène de John Friedmann et Walter Stöhr, qui a pris forme, à la fin des années 1950. Son objectif fondamental est de freiner les inégalités de développement dans l'espace et de territorialiser le développement.

Cette stratégie de territorialisation consiste à rechercher l'équilibre à travers un engagement volontaire à valeur doctrinale, qui promeut les ruptures et impose une logique fonctionnelle de l'organisation de la vie économique, articulée sur une dynamique territoriale. Suivant la déclinaison de Friedmann, le développement endogène est territorial, communautaire et démocratique. Cette théorie renferme plusieurs dialectiques de développement économique local, couplées à une logique de systèmes productifs locaux et de clusters.

Enfin le courant du développement communautaire, qui a émergé aux États-Unis et au Québec, et qui repose sur quatre dimensions essentielles :

- la dimension économique, par la production et la vente de biens et services ;
- la dimension territoriale, par la mise en valeur des ressources locales ;
- la dimension sociale, par le travail portant sur la recomposition sociale de la communauté ;
- enfin, la dimension communautaire, en tant qu'espace du vivre ensemble et en tant que dispositif premier de revitalisation.

Toutes ces dimensions convergent assurément vers les grands principes de l'économie sociale et solidaire, la responsabilité sociétale d'entreprise et le développement endogène.

Cette littérature abondante, couplée aux expériences acquises par les pays africains tout le long de la trajectoire de nos économies, peut permettre à nos pays de concevoir les stratégies de développement articulées sur l'espace et les territoires tiennent compte de nos réalités, afin de combattre les inégalités et de relever les défis et enjeux liés à la démographie, à l'urbanisation, aux changements climatiques et aux perspectives d'industrialisation.

Président du Conseil départemental de Fatick, les politiques de territorialisation me tiennent particulièrement à cœur.

Le développement territorial est une composante du dispositif de gouvernance de la décentralisation en Afrique occidentale française et au Sénégal en particulier, où la première génération de gouvernance communale a commencé en 1872. Dans un processus d'adaptation, de cohérence temporelle et d'innovation, ce mode de gouvernance a connu plusieurs réformes. Celle de 1970-1980 qui a repensé l'armature territoriale nationale, avec une dichotomie entre l'espace urbain et rural. Ensuite celle de 1996, qui avait pour objectif de s'adapter aux impératifs stratégiques des exigences des programmes d'ajustement structurel imposés par le FMI et promouvoir la démocratie. Enfin, la réforme de 2013, communément appelée « Acte 3 de la décentralisation » qui a comme déterminants : la communalisation intégrale, le département comme ordre des collectivités territoriales, un déclassement des régions dans l'architecture territoriale, et l'émergence de pôles de développement territorial pour lutter contre les inégalités dans les régions.

Plusieurs limites peuvent être attribuées à ces réformes, notamment le mode d'allocation des ressources. Les fonds de dotation et les fonds d'investissement sont très faibles et insuffisants et ne permettent pas aux collectivités territoriales de répondre efficacement aux besoins des populations, dans le cadre des neuf compétences transférées et face aux contraintes démographiques, aux inégalités structurelles et au changement climatique.

L'Acte 3 de la décentralisation rencontre d'autres contraintes comme : les enjeux de compétences entre le pouvoir central et les collectivités territoriales, l'opposition entre l'unicité et la diversité des lois et enfin les difficultés d'appropriation territoriale auxquelles les collectivités se heurtent, en raison de leur incapacité à connaître les limites foncières et le découpage des espaces territoriaux, ce qui est un frein au rôle que pourraient jouer les pôles de développement.

Il faut savoir que les découpages et modélisations de nos espaces territoriaux ont été réalisés par le colonisateur pour prendre en charge les impératifs de collecte des matières premières vers leurs pôles industriels, d'une part, et des stratégies de guerres et de défense, d'autre part.

Cette réalité à influé sur le découpage urbano-rural et ruralo-urbain de nos pays.

L'Afrique doit promouvoir une nouvelle approche territoriale qui reflète le projet de société que nous voulons, en lui donnant une finalité de développement intégré, sur le plan économique, social, communautaire et environnemental. La réforme territoriale en Afrique doit être prise en charge au niveau de l'Union Africaine, à travers un programme spécifique articulé dans l'Agenda 2063, notamment dans les axes de la transformation productive et dans la ZLECAF.

Cette nouvelle approche doit être basée sur un découpage garant d'un fonctionnement homogène et interconnecté sur le plan interne et externe, en cohérence avec nos nouvelles ambitions d'aménagement de l'espace territorial, d'exploitation et de distribution des ressources naturelles au niveau des cinq zones géographiques : Est, Ouest, Nord, Sud et Australe, et suivant chaque spécificité, afin de promouvoir le grand principe des avantages comparatifs. Ce principe devra déboucher sur une « Charte Territoriale de l'Afrique ». Cette Charte pourrait inspirer les pays africains à reconsidérer leurs modèles d'organisations spatiales et territoriales en tenant compte des impératifs d'intégration économique.

Au Sénégal, une réforme de l'espace territoriale est plus que nécessaire qui serait couplée à une nouvelle forme de gouvernance des collectivités territoriales.

La réforme de l'espace territorial doit être basée sur une relecture du Programme National d'Aménagement et de Développement Territorial (PNADT), à la suite d'Assises qui réuniraient universitaires, praticiens, spécialistes africains et partenaires techniques et financiers, pour une planification de l'espace territorial, adaptée à nos réalités et à nos perspectives de développement.

La réforme de gouvernance des collectivités territoriales doit favoriser le désengagement de l'État central dans la mise en œuvre des projets de développement territoriaux qui doivent être pensés et exécutés par les collectivités territoriales, plutôt que par l'État central.

À travers une réforme constitutionnelle, les élus locaux et les collectivités locales pourraient avoir une certaine autonomie, leur permettant d'atteindre les objectifs de développent durable qui leur seront fixés.

Cette nouvelle forme de prospective territoriale devra favoriser une nouvelle génération d'homo senegalensis agriculteurs, pécheurs, éleveurs, industriels, entre autres, aptes à construire des territoires prospères et notre souveraineté alimentaire. C'est là où l'idée des terres neuves doit être remodélisée pour donner aux jeunes, et aux sans-abris, des terres et les accommodations qui doivent les accompagner dans leur nouvelle vie citoyenne.

Le projet des « terres neuves » fut une innovation agraire très originale du Président Léopold Sédar Senghor. Dans les années 70, les terres n'étaient plus très fertiles dans le bassin arachidier que constituaient les régions de Kaolack, Diourbel, Louga et Fatick du fait des cycles cumulés de sècheresse et des poussées démographiques. La propension à consommer s'était rétrécie à cause du surpeuplement par rapport à la réserve foncière disponible. Le contrôle des terres favorisait des batailles rangées à chaque hivernage. Le Sénégal oriental étant une région très vaste, peu peuplée et dotée de terres fertiles, le gouvernement d'alors, soutenu par la Banque Mondiale, avait créé la Société des Terres Neuves (STN). Le principe était de faire migrer des paysans de l'ancien basin arachidier vers le Sénégal oriental. La zone d'accueil, dans le département de Tambacounda, entre Koumpentoum et Maka, avait été choisie en fonction de la disponibilité des terres (la densité était de 4,2 habitants au km^2 en 1972), de leur fertilité et de l'abondante pluviométrie d'environ 850 mm par an, de loin plus importante que celle des zones de départ. Le projet avait été établi sur la base d'objectifs de développement ambitieux et les modalités définies suite à un rapport d'évaluation réalisé par la Banque Mondiale. Les grands principes reposaient sur les éléments suivants :

- installation de 300 familles en trois ans, dont 50 en 1972, 100 en 1973 et 150 en 1974, reparties en 6 villages de 50 familles ;
- la création des infrastructures indispensables : pistes d'accès aux villages, forages profonds et puits ;
- attribution à chaque famille dès son arrivée de 2 ha défrichés mécaniquement, l'extension de l'exploitation devant se faire par défrichement manuel ;
- aide matérielle pour faciliter le départ et l'installation des migrants ;
- la mise à la disposition des agriculteurs de tous les moyens de production nécessaires : paire de bœufs et matériel de culture attelée à titre de crédit à moyen terme, de l'engrais et des semences sélectionnées ;
- la mise en place d'un système d'encadrement adéquat avec deux vulgarisateurs par village ;
- la signature d'un contrat d'exploitation par chaque migrant dans lequel il s'engage à respecter les clauses du cahier des charges.

Ce programme s'était réalisé comme prévu de 1972 à 1974 sans accroc. Au terme des trois ans, aucun chef de famille n'avait quitté sa zone d'accueil et tous avaient considéré leur nouveau lieu de résidence comme définitif. Ces migrants avaient pu obtenir un revenu monétaire assez élevé tout en assurant leurs besoins vivriers familiaux. Certains parmi eux avaient fini par faire venir du sine, les membres de leur famille d'origine.

Ce modèle économique de migration interne devrait pouvoir servir d'exemple pour la promotion de l'emploi des jeunes et l'autonomisation des femmes à travers un nouveau leadership entrepreneurial. Mais aussi, « ces terres promises » permettraient de combattre le spectacle des migrants qui meurent chaque jour dans les océans, en quête d'espérance perdue, et d'éradiquer la mendicité que nous constatons dans chaque coin de rue de nos capitales. Ces hommes et ces femmes valides, souvent en possession de téléphones portables onéreux, et qui font de la mendicité un business devraient être fortement encouragés, par l'État, à rejoindre ce programme.

Nos territoires nous offrent de multiples opportunités non exploitées. Les enjeux liés à la gestion de nos espaces territoriaux doivent être pris très au sérieux, puisque la fibre négro-africaine de terre nourricière est en train de céder la place à une nouvelle race de prédateurs fonciers insatiables, qui aliènent notre patrimoine foncier sans projets de développement en faveur des générations actuelles et futures.

L'avenir est à la territorialisation et nécessite un dirigisme étatique et un volontarisme citoyen, afin que naisse un nouveau homo senegalensis attaché à sa terre, et qui travaille pour le progrès social et la prospérité de la nation.

Conclusion

À quelque chose malheur est bon. L'homme, sage, doit tirer du malheur et des épreuves de salutaires leçons pour l'avenir. La moralité de ce proverbe, en usage déjà au 17e siècle, est que souvent le malheur affermit l'expérience de l'homme de bien et a une influence certaine sur l'état de son âme. Les multiples crises successives qui ont profondément affecté tous les systèmes productifs et la croissance économique de nos pays doivent renforcer notre conviction qu'un malheur procure parfois des avantages imprévus. La pandémie de la Covid-19 et la guerre entre la Russie et l'Ukraine nous offrent une opportunité d'initier un débat objectif et large, afin d'évaluer nos politiques, et d'analyser les perspectives essentielles qu'il nous faut réinventer et réaliser. L'Afrique doit bâtir une vision stratégique consensuelle, soutenue par des politiques économiques et sociales réalistes.

L'Afrique doit nourrir les Africains, et les décideurs africains doivent mettre en place un financement efficient du système social, pour arriver à une croissance durable, mais également inclusive et équitable. La problématique des priorités africaines, pour une croissance inclusive et durable qui doit éradiquer la pauvreté, doit être reconsidérée sur le plan individuel et collectif, en tirant les leçons d'apprentissage des expériences que nous avons vécues. Il s'agit d'une question de dignité, de souveraineté et de volonté politique qui doit se fonder sur l'amour de sa patrie et du continent.

La première équation à résoudre est pourtant simple : comment sortir le paysan, l'éleveur et le pêcheur africains de la pauvreté et les mettre en situation de nourrir l'Afrique ? La résolution de cette équation est fondamentale et à tout prix, nous ne devons pas oublier les conséquences de la dernière pandémie qui a bousculé nos incertitudes et mis à nu nos multiples fragilités sectorielles, individuelles et collectives. Elle a bousculé les bases même de l'humanité et nous a fait prendre conscience que les immenses richesses naturelles dont nous disposons doivent être exploitées par les Africains. Notre continent ne doit plus être cette gigantesque arène de prospérité, où s'affrontent les gladiateurs occidentaux et les multinationales qui financent les milices de guerres afin d'exploiter nos ressources, où se côtoient les espérances des populations Africaines et les désespoirs qu'engendrent la faim, la pauvreté, les guerres et le terrorisme.

Face à l'Afrique, la solidarité internationale a toujours été timide. L'exemple de la mobilisation des Occidentaux pour soutenir l'Ukraine doit nous faire réfléchir. En moins de trois années, les États-Unis d'Amérique ont mobilisé plus de 350 milliards comme soutien à la guerre contre Poutine. Les Occidentaux en ont fait presque autant. Ce montant pouvait en effet effacer l'ensemble de la dette des pays africains et permettre à notre continent de prendre un nouveau départ.

La dette vis-à-vis de l'Afrique est lourde. Elle remonte à l'esclavage et à la colonisation qui ont institutionnalisé une pauvreté chronique, organique et structurelle. On ne doit pas fonder la stratégie de croissance d'un pays sur une rente attendue des matières premières. La Covid-19 a confirmé que la malédiction des matières premières, connue sous le concept de « Dutch Disease », est une pathologie qui peut s'étendre par contamination à d'autres secteurs comme le tourisme, le secteur informel, le commerce, les transports aérien, terrestre, et maritime, les transferts de la diaspora, entre autres. Elle a aussi mis en exergue notre taux de dépendance alimentaire, pharmaceutique et énergétique. Les pays africains ne produisent pas assez pour nourrir leurs populations et procèdent à des importations massives de denrées de premières nécessités qui pèsent négativement sur leurs balances commerciales. La production locale est souvent découragée par l'importation des produits subventionnés, qui inondent les marchés africains. Plusieurs filières prometteuses comme le coton, le riz, le maïs, l'arachide, la tomate, le lait et les produits dérivés, la viande, les fruits et légumes ne résistent pas aux produits subventionnés, et meurent, accroissant la misère dans nos villes et campagnes africaines. Il est plus facile, à court terme, d'importer que de produire. Les objectifs de développement agricole doivent être corrigés et doivent prendre en compte les questions cadastrales et le statut du foncier, la territorialisation, les intrants, les semences, la motorisation et la mécanisation, les infrastructures de stockage et de conservation, l'organisation des marchés pour une bonne distribution des produits et les prix, la formation du capital humain, l'autonomisation des femmes et la responsabilisation des jeunes, si l'on veut mettre en place une vraie révolution agraire.

Dans ce processus, le commerce intra-africain, encore très faible, doit jouer un rôle important par le biais des programmes communautaires. La pauvreté intergénérationnelle africaine, inacceptable sur le plan éthique dans ce 21e siècle, est la résultante de politiques économiques inadaptées, mises en œuvre depuis les indépendances.

Cette pathologie institutionnelle rejoint quelque peu la définition du philosophe français Michel Onfray. Dans son ouvrage *Politique du rebelle, Traité de résistance et d'insoumission* (Paris, Grasset, 1997), il distingue trois cercles centrés sur la pauvreté : le premier qui correspond à celui des damnés (la tribu des mendiants qui ne survit que grâce à l'aumône) ; le deuxième cercle correspond à celui des éprouvés (malades, délinquants, clandestins et réfugiés) ; enfin le dernier cercle correspond à celui des exploités (emplois précaires, déplacés, prolétaires et paysans sans terre ou éleveurs sans troupeau).

Les conséquences économiques de la Covid-19 et la posture du Président Trump devraient nous permettre de mieux comprendre la position anglaise du protectionnisme.

L'économiste britannique, William Nassau Senior, « un des plus grands économistes anglais de son temps » et héritier d'Adam Smith, soutient que : « Nul n'est économiste s'il est protectionniste ». Évidemment, vivant comme ses contemporains dans un monde profondément protectionniste, ce n'était ni un blâme, ni même un reproche. Il se cantonnait à clarifier sa conviction profonde que l'économiste doit favoriser le libre-échange, et en faisant baisser les prix, il améliore le pouvoir d'achat des populations. Par contre, le protectionnisme, en empêchant la concurrence, avantage certains secteurs au détriment des consommateurs. Dans la logique économique qui motive son raisonnement, le rôle de l'économiste est de concevoir des politiques qui améliorent la situation globale de la population. Dans ce cadre, le protectionniste est celui qui choisit de favoriser une partie de la population au détriment de l'autre.

Les décideurs anglais de l'époque connaissaient bien ces théories économiques, mais avaient décidé courageusement de défendre leur production nationale de blé, pour plusieurs raisons : d'abord, pour garantir le pouvoir, la richesse et le statut social des nobles, propriétaires terriens, ensuite, pour s'assurer qu'en cas de nouveau blocus continental, comme celui mis en place par Napoléon Ier, l'Angleterre serait en position de nourrir sa population. Cette observation empirique pose le problème épistémologique du fondement d'une décision et, au-delà, pose le débat, toujours d'actualité, de la perception de l'économiste face au discernement du décideur politique.

L'économiste développe sa logique en termes de coûts de production et de pouvoir d'achat, le décideur politique prend sa décision en considérant d'autres paramètres. C'est bien le sens qu'il faut donner au bien-fondé de certaines décisions soutenues par une logique cartésienne d'organisation et de méthode.

Il découle de ces postulats que l'économiste ne doit pas influencer l'action du décideur par ses théories, mais il doit mettre à sa disposition tous les outils et les moyens d'analyser la situation, de prendre les actes en faveur des populations et d'évaluer les conséquences des décisions prises.

Par transposition expérimentale, et analysant les conséquences des crises sur l'Afrique, il est aisé de noter le taux élevé de dépendance globale des économies africaines, à tous les niveaux. Par exemple, si la pandémie Covid-19 s'était prolongée, l'Afrique aurait connu une asphyxie généralisée, engendrant famine, autres pandémies, révoltes et bouillonnement sociaux indescriptibles. Le Président Républicain Donald Trump connait bien toutes les logiques doctrinales du libre-échange, mais s'évertue à pratiquer un protectionnisme, nationaliste, fier son slogan « **America first** ». Son objectif est d'attirer les investissements et réduire le déficit commercial des États-Unis, tout en faisant la guerre à certaines monnaies plus faibles que le dollar qui favorisent l'importation d'autres produits face aux USA. Il vient ainsi de créer un bouillonnement économique planétaire en déclenchant une guerre commerciale jamais connue durant les soixante dernières années, transgressant les règles élémentaires de l'OMC et remettant en cause les dix commandements de Washington et même, au-delà, les traités du GATT (General Agreement on Tariffs and Trade) qui est un accord sur les tarifs douaniers et le commerce, signé le 30 octobre 1947 par 23 pays pour harmoniser les politiques douanières des parties signataires.

Il est donc urgent de repenser et de promouvoir des politiques essentielles, susceptibles de réaliser pleinement le potentiel de développement de nos pays. La cause de la sous-performance économique de l'Afrique doit être analysée, afin de faire revenir nos pays sur le chemin d'une croissance économique durable. Si le développement était le sommet d'une montagne, le premier palier à franchir serait sans aucun doute l'autosuffisance alimentaire, qui est seule susceptible de nous rendre libres, heureux et exempts de toutes les formes de servitudes.

Le Dr Delgado, partisan du contrôle physique de l'esprit en vue d'arriver à ce qu'il appelle « une société psycho-civilisée », affirmait que la question philosophique centrale de nos jours n'était plus : Qu'est-ce l'homme ? mais : Quel genre d'homme souhaiterions-nous fabriquer ?

De nous jours, la question philosophique centrale n'est plus : Qu'est-ce que l'Afrique ? Mais : Quelle Afrique voulons-nous ?

Nous voulons une Afrique libre et prospère, reconciliée avec elle-même. Une Afrique unie et intégrée, fondamentalement ancrée dans les valeurs du Panafricanisme et de la renaissance africaine. Un continent où la démocratie, les droits de l'homme, l'État de droit, la justice et la démocratie sont des règles universelles. Une Afrique ancrée dans ses valeurs culturelles, traditionnelles et éthiques. Une Afrique dont la croissance est portée par son potentiel de ressources naturelles, ses populations, notamment les jeunes et les femmes. Une Afrique ouverte au reste du monde en tant qu'acteur de la scène mondiale, forte de partenariats forts, justes et équilibrés.

Le chemin est encore long. Une Afrique libre et prospère a un prix. Le socle organique de cette liberté est l'Union Africaine, soutenue par un idéal commun et d'unité, sur la base de réformes courageuses, portant sur une nouvelle monnaie africaine, un renouveau du secteur bancaire et de nos banques centrales. Ces idées rejoignent les réflexions sur le Mécanisme Africain de Stabilité Financière, l'Agence de Notation Panafricaine, le Système de Garantie des entreprises, la mutualisation des places financières, et l'observatoire des investissements. L'industrialisation de l'Afrique passera par l'agenda 2063, dans ses axes de transformation productive, et de la ZLECFA.

Les décisions prises par le Président Donald Trump devraient amener les dirigeants africains à réfléchir et à taire les conflits et les guerres inutiles, qui engendrent les déplacements des populations laissées à elles-mêmes, des écoles que l'on ferme, des hôpitaux sans médicaments et sans médecins, des femmes que l'on viole. La crise en République démocratique du Congo est inacceptable et tout le monde comprend que les milices armées sont financées par certaines multinationales aux d'exploiter les ressources de ce pays. Le terrorisme au Sahel n'a pas encore trouvé une réponse adéquate, entre autres tragédies, dont celles du Soudan, de l'Éthiopie, de la Libye

La suppression de l'aide américaine doit être une opportunité pour les Africains de compter sur eux-mêmes et de créer les conditions d'un nouveau départ. Il est temps que l'Afrique se fraie sa voie avec courage, audace et détermination en tenant compte de son histoire, de ses valeurs et de ses ambitions.

L'Union Africaine, dans un contexte de recomposition géopolitique et géostratégique, dans une perspective de mondialisation *new-look*, devrait initier des innovations majeures allant dans le sens d'apporter des réponses aux urgences africaines, qui tiennent compte de la démographie rapide du continent. Nos économies n'arrivent pas à absorber significativement la pauvreté et la démographie est un des facteurs explicatifs de ce phénomène. La leçon fondamentale est que la démographie en général et la jeunesse en particulier sont bien les variables d'ajustement qui régulent les cycles de pouvoir et de la pauvreté en Afrique. Au fil du temps, les séquences de pouvoir vont devenir plus courtes encore à cause des déterminants de l'environnement politique et des marqueurs que sont : la démocratie non contrôlée, les nouvelles technologies de l'information et de la communication avec ses limites et ses dérives, l'inadéquation des politiques pour une jeunesse en quête d'émancipation, la démographie galopante.

La grandeur de l'Afrique réside dans sa capacité de résilience, après de si longues années d'esclavage, de colonisation, d'aliénation et d'exploitation de ses ressources. Si notre continent veut réaliser son plein potentiel de développement, et devenir un pôle de croissance mondiale dans les décennies à venir, il doit plus que jamais mettre en œuvre des politiques volontaristes et tracer sa propre voie. Nous avons les moyens et le potentiel d'aller au-delà de cette pathologie de la pauvreté intergénérationnelle. Fort de ses innombrables richesses et conscient de l'intelligence de ses filles et de ses fils, notre continent doit se défaire des liens qui l'étranglent, et instaurer une ère nouvelle, susceptible de rééquilibrer de nouvelles dynamiques de coopérations et de modèles de croissance en faveur des populations africaines, de ses partenaires et du reste du monde.

Structures éditoriales du groupe L'Harmattan

L'Harmattan Italie
Via degli Artisti, 15
10124 Torino
harmattan.italia@gmail.com

L'Harmattan Hongrie
Kossuth l. u. 14-16.
1053 Budapest
harmattan@harmattan.hu

L'Harmattan Sénégal
10 VDN en face Mermoz
BP 45034 Dakar-Fann
senharmattan@gmail.com

L'Harmattan Cameroun
TSINGA/FECAFOOT
BP 11486 Yaoundé
inkoukam@gmail.com

L'Harmattan Burkina Faso
Achille Somé – tengnule@hotmail.fr

L'Harmattan Guinée
Almamya, rue KA 028 OKB Agency
BP 3470 Conakry
harmattanguinee@yahoo.fr

L'Harmattan RDC
185, avenue Nyangwe
Commune de Lingwala – Kinshasa
matangilamusadila@yahoo.fr

L'Harmattan Congo
67, boulevard Denis-Sassou-N'Guesso
BP 2874 Brazzaville
harmattan.congo@yahoo.fr

L'Harmattan Mali
ACI 2000 - Immeuble Mgr Jean Marie Cisse
Bureau 10
BP 145 Bamako-Mali
mali@harmattan.fr

L'Harmattan Togo
Djidjole – Lomé
Maison Amela
face EPP BATOME
ddamela@aol.com

L'Harmattan Côte d'Ivoire
Résidence Karl – Cité des Arts
Abidjan-Cocody
03 BP 1588 Abidjan
espace_harmattan.ci@hotmail.fr

Nos librairies en France

Librairie internationale
16, rue des Écoles
75005 Paris
librairie.internationale@harmattan.fr
01 40 46 79 11
www.librairieharmattan.com

Librairie des savoirs
21, rue des Écoles
75005 Paris
librairie.sh@harmattan.fr
01 46 34 13 71
www.librairieharmattansh.com

Librairie Le Lucernaire
53, rue Notre-Dame-des-Champs
75006 Paris
librairie@lucernaire.fr
01 42 22 67 13

Mise en page du texte et couverture

Impression réalisée par l'imprimerie ILP DAKAR

Dépôt légal du 1er tirage : Quatrième trimestre 2025

Imprimé au Sénégal

www.ingramcontent.com/pod-product-compliance
Lightning Source LLC
LaVergne TN
LVHW080938071026
849535LV00013B/4243
* 9 7 8 2 3 3 6 5 6 5 3 6 1 *